"十四五"时期
国家重点出版物
出版专项规划项目

新时代公园城市建设探索与实践系列丛书

公园城市

建设中的公园精细化管理

张亚红

编著

U0366298

中国城市出版社

新时代公园城市建设探索与实践系列丛书编委会

吴　杰　吴　剑　吴克军　吴锦华　言　华
张清彦　陈　艳　林志斌　欧阳底梅　周建华
赵御龙　饶　毅　袁　琳　袁旸洋　徐　剑
郭建梅　梁健超　董　彬　蒋凌燕　韩　笑
傅　晗　强　健　瞿　志
组织编写单位：中国城市建设研究院有限公司
　　　　　　　中国风景园林学会
　　　　　　　中国公园协会

丛书序

2018 年 2 月，习近平总书记视察天府新区时强调"要突出公园城市特点，把生态价值考虑进去"；2020 年 1 月，习近平总书记主持召开中央财经委员会第六次会议，对推动成渝地区双城经济圈建设作出重大战略部署，明确提出"建设践行新发展理念的公园城市"；2022 年 1 月，国务院批复同意成都建设践行新发展理念的公园城市示范区；2022 年 3 月，国家发展和改革委员会、自然资源部、住房和城乡建设部发布《成都建设践行新发展理念的公园城市示范区总体方案》。

"公园城市"实际上是一个广义的城市空间新概念，是缩小了的山水自然与城市、人的有机融合与和谐共生，它包含了多个一级学科的知识和多空间尺度多专业领域的规划建设与治理经验。涉及的学科包括城乡规划，建筑学、园林学、生态学、农业学、经济学、社会学、心理学等等，这些学科的知识交织汇聚在城市公园之内，交汇在城市与公园的互相融合渗透的生命共同体内。"公园城市"的内涵是什么？可概括为人居、低碳、人文。从本质而言，公园城市是城市发展的终极目标，整个城市就是一个大公园。因此，公园城市的内涵也就是园林的内涵。"公园城市"理念是中华民族为世界提供的城市发展中国范式，这其中包含了"师法自然、天人合一"的中国园林哲学思想。对市民群众而言园林是"看得见山，望得见水，记得起乡愁"的一种空间载体，只有这么去理解园林、去理解公园城市，才能规划设计建设好"公园城市"。

有古籍记载说"园莫大于天地"，就是说园林是天地的缩小版；"画莫好于造物"，画家的绘画技能再好，也只是拷贝了自然和山水之美，只有敬畏自然，才能与自然和谐相处。"公园城市"就是要用中国人的智慧处理好人类与大自然、人与城市以及蓝（水体）绿（公园等绿色空间）灰（建筑、道路、桥梁等硬质设施）之间的关系，最终实现"人（人类）、城（城市）、园（大自然）"三元互动平衡、"蓝绿灰"阴阳互补、刚柔并济、和谐共生，实现山、水、林、田、湖、草、沙、居生命共同体世世代代、永续发展。

"公园城市"理念提出之后，各地积极响应，成都、咸宁等城市先行开展公园城市建设实践探索，四川、湖北、广西、上海、深圳、青岛等诸多省、区、市将公园城市建设纳入"十四五"战略规划统筹考虑，并开展公园城市总体规划、公园体系专项规划、"十五分钟"生活服务圈等顶层设计和试点建设部署。不少的专家学者、科研院所以及学术团体都积极开展公园城市理论、标准、技术等方面的探索研究，可谓百花齐放、百家争鸣。

"新时代公园城市建设探索与实践系列丛书"以理论研究与实践案例相结合的形式阐述公园城市建设的理念逻辑、基本原则、主要内容以及实施路径，以理论为基础，以标准为行动指引，以各相关领域专业技术研发与实践应用为落地支撑，以典型案例剖析为示范展示，形成了"理论＋标准＋技术＋实践"的完整体系，可引导公园城市的规划者、建设者、管理者贯彻落实生态文明理念，切实践行以人为本、绿色发展、绿色生活，量力而行、久久为功，切实打造"人、城、园（大自然）"和谐共生的美好家园。

人民城市人民建，人民城市为人民。愿我们每个人都能理解、践行公园城市理念，积极参与公园城市规划、建设、治理方方面面，共同努力建设人与自然和谐共生的美丽城市。

国际欧亚科学院院士、
住房和城乡建设部原副部长

丛书前言

习近平总书记 2018 年在视察成都天府新区时提出"公园城市"理念。为深入贯彻国家生态文明发展战略和新发展理念，落实习近平总书记公园城市理念，成都市率先示范，湖北咸宁、江苏扬州等城市都在积极探索，湖北、广西、上海、深圳、青岛等省、区、市都在积极探索，并将公园城市建设作为推动城市高质量发展的重要抓手。"公园城市"作为新事物和行业热点，虽然与"生态园林城市""绿色城市"等有共同之处，但又存在本质不同。如何正确把握习近平总书记所提"公园城市"理念的核心内涵、公园城市的本质特征，如何细化和分解公园城市建设的重点内容，如何因地制宜地规范有序推进公园城市建设等，是各地城市推动公园城市建设首先关心、也是特别关注的。为此，中国城市建设研究院有限公司作为"城乡生态文明建设综合服务商"，由其城乡生态文明研究院王香春院长牵头的团队率先联合北京林业大学、中国城市规划设计研究院、四川省城乡建设研究院、成都市公园城市建设发展研究院、咸宁市国土空间规划研究院等单位，开展了习近平生态文明思想及其发展演变、公园城市指标体系的国际经验与趋势、国内城市公园城市建设实践探索、公园城市建设实施路径等系列专题研究，并编制发布了全国首部公园城市相关地方标准《公园城市建设指南》DB42/T 1520—2019 和首部团体标准《公园城市评价标准》T/CHSLA 50008—2021，创造提出了"人–城–园"三元互动平衡理论，明确了公园城市的四大突出特征：美丽的公园形态与空间格局；"公"字当先，公共资源、公共服务、公共福利全民均衡共享；人与自然、社会和谐共生共荣；以居民满足感和幸福感提升为使命方向，着力提供安全舒适、健康便利的绿色公共服务。

在此基础上，中国城市建设研究院有限公司联合中国风景园林学会、中国公园协会共同组织、率先发起"新时代公园城市建设探索与实践系列丛书"（以下简称"丛书"）的编写工作，并邀请住房和城乡建设部科技与产业化发展中心（住房和城乡建设部住宅产业化促进中心）、中国城市规划设计研究院、中国城市出版社、北京市公园管理中心、上海市公园管理中心、东南大学、成都市公园城市建设发展研究院、北京市园林绿化科学研究院等多家单位以及权威专家组成丛书编写工作组共同编写。

这套丛书以生态文明思想为指导，践行习近平总书记"公园城市"理念，响应国家战略，瞄准人民需求，强化专业协同，以指导各地公园城市建设实践干什么、怎么干、如何干得好为编制初衷，力争"既能让市长、县长、局长看得懂，也能让队长、班长、组长知道怎么干"，着力突出可读性、实用性和前瞻指引性，重点回答了公园城市"是什么"、要建成公园城市需要"做什么"和"怎么做"等问题。目前本丛书已入选国家新闻出版署"十四五"时期国家重点出版物出版专项规划项目。

丛书编写作为央企领衔、国家级风景园林行业学协会通力协作的自发性公益行为，得到了相关主管部门、各级风景园林行业学协会及其成员单位、各地公园城市建设相关领域专家学者的大力支持与积极参与，汇聚了各地先行先试取得的成功实践经验、专家们多年实践积累的经验和全球视野的学习分享，为国内的城市建设管理者们提供了公园城市建设智库，以期让城市决策者、城市规划建设者、城市开发运营商等能够从中得到可借鉴、能落地的经验，推动和呼吁政府、社会、企业和老百姓对公园城市理念的认可和建设的参与，切实指导各地因地制宜、循序渐进开展公园城市建设实践，满足人民对美好生活和优美生态环境日益增长的需求。

丛书首批发布共 14 本，历时 3 年精心编写完成，以理论为基础，以标准为纲领，以各领域相关专业技术研究为支撑，以实践案例为鲜活说明。围绕生态环境优美、人居环境美好、城市绿色发展等公园城市重点建设目标与内容，以通俗、生动、形象的语言介绍公园城市建设的实施路径与优秀经验，具有典型性、示范性和实践操作指引性。丛书已完成的分册包括《公园城市理论研究》《公园城市建设标准研究》《公园城市建设中的公园体系规划与建设》《公园城市建设中的公园文化演替》《公园城市建设中的公园品质提升》《公园城市建设中的公园精细化管理》《公园城市导向下的绿色空间竖向拓展》《公园城市导向下的绿道规划与建设》《公园城市导向下的海绵城市规划设计与实践》《公园城市指引的多要素协同城市生态修复》《公园城市导向下的采煤沉陷区生态修复》《公园城市导向下的城市采石宕口生态修复》《公园城市建设中的动物多样性保护与恢复提升》和《公园城市建设实践探索——以成都市为例》。

丛书将秉承开放性原则，随着公园城市探索与各地建设实践的不断深入，将围绕社会和谐共治、城市绿色发展、城市特色鲜明、城市安全韧性等公园城市建设内容不断丰富其内容，因此诚挚欢迎更多的专家学者、实践探索者加入到丛书编写行列中来，众智众力助推各地打造"人、城、园"和谐共融、天蓝地绿水清的美丽家园，实现高质量发展。

前　言

　　习近平总书记在 2018 年 2 月视察成都天府新区时提出"公园城市"理念，同年 4 月在参加首都义务植树活动时指出："一个城市的预期就是整个城市就是一个大公园，老百姓走出来就像在自己家里的花园一样。"

　　"公园城市"理念的提出为城市建设管理以及转型发展提供了新的范式，从过去的"城市中建公园"向"公园中建城市"转变。在公园城市建设的大背景下，如何认识一个公园和一座公园城市的关系？如何理解公园精细化管理之于公园城市的作用？

　　一方面，公园是一个具有绿色本底的空间，有山水、动植物等生态要素，有配套设施，有市民和游客在园中的游览、休闲、健身等活动，这些与一座公园形态的城市所应具有的生态良好、绿色发展、配套设施、宜居宜业的要求是相一致的。可以说，一座公园城市就是一个放大版的公园。另一方面，建设管理一个公园和建设管理一座公园城市相互映衬、彼此关联：每一个公园在公园城市中都应有其定位，需要承载相应的功能，发挥生态价值、社会价值、经济价值、人文价值、美学价值；每一个高水平、精细化管理的公园所发挥的功能和作用也具有正外部性，会辐射到周边城市的其他空间。因此，将公园实施精细化管理的方式方法放大到城市范围，也具有一定的参考意义。

　　本书重点介绍了在公园城市建设中，如何认识并实施公园精细化管理。全书共分 5 章，涉及公园精细化管理概述、公园精细化管理内容、行业精细化管理实践、国外经验借鉴以及面向未来的探索与展望。其中既有多年来公园行业管理的经验总结，也有随着社会发展与时俱进的创新实践；既有对国外公园管理理念和做法的学习借鉴，也有就新时代公园未来发展定位和方向的理解把握。

　　全书内容紧紧围绕《国务院关于同意成都建设践行新发展理念的公园

城市示范区的批复》（国函〔2022〕10号）中对公园城市的建设要求，并以此为对照，结合公园管理工作，诠释了公园管理者在实施精细化管理过程中应该怎么想、到底怎么干。由于编者在北京从事公园管理工作30余年，所以书中选取了较多的北京公园管理实例，其中大多来自编者直接策划、组织、参与的专项工作。这些实例经实践检验，证明是行之有效的。

本书可供城市建设管理的决策者、公园管理机构的管理人员、致力于从事园林管理的相关人士、园林和林业专业在校学生等系统了解公园精细化管理。公园管理人员也可以将本书作为相关工作的参考资料使用。

由于编者水平有限，对公园城市建设中公园精细化管理的认识还很粗浅，在编纂过程中难免有误，敬请读者批评指正！

目 录

第3章　行业精细化管理实践

第 1 章

公园精细化管理概述

在一座公园城市中，生态价值、社会价值、经济价值、人文价值、美学价值综合体现最为充分的就是一个个高品质的公园。公园是有生命的城市基础设施，每一个公园自建成开放后，都需要通过持续有效的管理，巩固其建设成果；要使公园更具魅力，其价值持续提升则需要付出更多的努力。这一章重点介绍对公园、公园管理以及公园精细化管理相关概念和内容的理解，这些是实施公园精细化管理的基础，也是公园精细化管理的出发点和落脚点。

1.1　公园

1.1.1　公园概念

每个城市都有公园，市民每年或多或少都会去到公园，每个人对公园的理解、感受不尽相同。因为对"公园"这个词太熟悉了，以致有时不知怎样描述它，即便是从事公园设计、建设或管理的专业人员也不一定能够诠释得清晰、准确。

简单说，公园就是公共的园林或者公众的园林。

《中国大百科全书》（1988 年）把"公园"定义为城市公共绿地的一种类型，由政府或公共团体建设经营，供公众游憩、观赏、娱乐等的园林。

《北京市公园条例》（2002 年）对公园的定义：具有良好的园林环境、较完善的设施，具备改善生态、美化城市、游览观赏、休憩娱乐和防灾避险等功能，并向公众开放的场所。

住房和城乡建设部《关于进一步加强公园建设管理的意见》（建城〔2013〕73 号）指出：公园是与群众日常生活息息相关的公共服务产品，是供民众公平享受的绿色福利，是公众游览、休憩、娱乐、健身、交友、学习以及举办相关文化教育活动的公共场所，是城市绿地系统的核心组成部分，承载着改善生态、美化环境、休闲游憩、健身娱乐、传承文化、保护资源、科普教育、防灾避险等重要功能。

《公园设计规范》GB 51192—2016 对公园的定义：向公众开放，以游憩为主要功能，有较完善的设施，兼具生态、美化等作用的绿地。

总结起来，公园具有以下特征：

①由政府或公共团体建设经营；

②向公众开放的场所；

③有良好的园林环境；

④有较完善的设施；

⑤具有生态、美化、游憩、观赏、娱乐、防灾避险等功能；

⑥是传承文化、保护资源、科普教育的场所；

⑦是公共绿地，是城市绿地系统的核心组成部分。

从历史沿革来看，国内外的公园很多都是由皇家园林和王公贵族、富商士绅的私园转变而来的，比如北京的颐和园、北海公园、恭王府花园，上海的豫园，苏州的拙政园、留园；英国的海德公园、圣詹姆斯公园，日本的仙洞御所、桂离宫，韩国的昌德宫、景福宫等。

世界上第一座真正意义上的城市公园是 1845 年英国利物浦建设的伯肯海德公园。1873 年建成开放的美国纽约中央公园是美国第一座城市公园，也是全世界最著名的城市公园。在我国，第一个为大众服务的城市公园是建于 1905 年的无锡公花园。

公园对于城市而言是有生命的基础设施，在美化城市环境、提升城市形象、满足市民需求等方面发挥着重要作用。公园是反映一个城市文化发展历史、体现城市文明程度的重要标志。

1.1.2　公园性质

公园具有公益属性，它是由政府提供的公共产品。

1. 公共产品定义

所谓公共产品，是指不能阻止其收益被没付钱的人享用的产品，以及收益是由广大消费者分享的产品。公共产品通常是由政治过程提供的，而不是通过市场决定的。在大多数情况下，公共产品的政府供应意味着这些产品是所有人都能得到的，而不是在市场上购买的。生产公共产品所需资金通常由政府税收提供。

2. 公共产品分类

现代公共管理理论普遍认为，公共产品基本可以分为三类：第一类是纯公共产品，如基础科学、环境保护、国防等。第二类为俱乐部产品，如公共桥梁、公共游泳池、公共电影院等。第三类是"准公共产品"，如公共渔场、牧场等。准公共产品一般具有"拥挤性"特点，即当消费者的数目增加到某一个值，即达到"拥挤点"后，每增加一个人，将减少原有消费者的效用。公园作为公共产品就具有这一特点，因此公园属于准公共产品。

3. 公园的公共产品归属

公园是指具有良好的园林环境，较完善的设施，具备改善生态、美化城市、游览观赏、休憩娱乐和防灾避险等功能，并向公众开放的场所。根据公共产品的定义及其分类，结合公园的功能具体分析：从公园具有的改善生态、美化城市、防灾避险的功能角度，公园应当属于纯公共产品；而从游览观赏、休憩娱乐的功能角度，它又具有"拥挤性"特点，属于准公共产品。因此公园具有的纯公共产品属性的功能应由政府提供，而具有的准公共产品的功能可由市场机制解决。

1.1.3　公园分类分级

1. 国家层面的规定

（1）《公园设计规范》中的公园类型

1992 年出台的《公园设计规范》CJJ 48—92 中，将公园分为综合性公园、儿童公园、动物园（含专类动物园）、植物园（含专类植物园、盆景园）、风景名胜公园、其他专类公园（有主题内容）、居住区公园、居住小区游园、带状公园、街旁游园等 10 类。

2016 版的《公园设计规范》GB 51192—2016 对公园的分类进行了调整，分为综合公园、专类公园（含动物园、植物园、历史名园、其他专类公园）、社区公园和游园 4 类。

（2）《城市绿地分类标准》中的公园绿地分类

2002 年出台的《城市绿地分类标准》CJJ/T 85—2002，将公园绿地分为综合公园、社区公园、专类公园、带状公园和街旁绿地 5 类，其中综合公园又分为全市性公园、区域性公园；社区公园分为居住区公园、小区游园；

专类公园分为儿童公园、动物园、植物园、历史名园、风景名胜公园、游乐公园、其他专类公园等（表 1-1、图 1-1）。

公园绿地分类一览表（2002）　　　　　　　　　　　　　　　　　　　　　表 1-1

类别代码			类别名称	内容与范围	备注
大类	中类	小类			
			公园绿地	向公众开放，以游憩为主要功能，兼具生态、美化、防灾等作用的绿地	
	G11		综合公园	内容丰富，有相应设施，适合于公众开展各类户外活动的规模较大的绿地	
		G111	全市性公园	为全市居民服务，活动内容丰富、设施完善的绿地	
		G112	区域性公园	为市区内一定区域的居民服务，具有较丰富的活动内容和设施完善的绿地	
	G12		社区公园	为一定居住用地范围内的居民服务，具有一定活动内容和设施的集中绿地	不包括居住组团绿地
		G121	居住区公园	服务于一个居住区的居民，具有一定活动内容和设施，为居住区配套建设的集中绿地	服务半径：0.5~1.0km
		G122	小区游园	为一个居住小区的居民服务、配套建设的集中绿地	服务半径：0.3~0.5km
G1	G13		专类公园	具有特定内容或形式，有一定游憩设施的绿地	
		G131	儿童公园	单独设置，为少年儿童提供游戏及开展科普、文体活动，有安全、完善设施的绿地	
		G132	动物园	在人工饲养条件下，移地保护野生动物，供观赏、普及科学知识，进行科学研究和动物繁育，并具有良好设施的绿地	
		G133	植物园	进行科学研究和引种驯化，并供观赏、游憩及开展科普活动的绿地	
		G134	历史名园	历史悠久、知名度高，体现传统造园艺术并被审定为文物保护单位的园林	
		G135	风景名胜公园	位于城市建设用地范围内，以文物古迹、风景名胜点（区）为主形成的具有城市公园功能的绿地	
		G136	游乐公园	具有大型游乐设施，单独设置，生态环境较好的绿地	绿化占地比例应大于等于65%
		G137	其他专类公园	除以上各种专类公园外具有特定主题内容的绿地。包括雕塑园、盆景园、体育公园、纪念性公园等	绿化占地比例应大于等于65%
	G14		带状公园	沿城市道路、城墙、水滨等，有一定游憩设施的狭长形绿地	
	G15		街旁绿地	位于城市道路用地之外，相对独立成片的绿地，包括街道广场绿地、小型沿街绿化用地等	绿化占地比例应大于等于65%

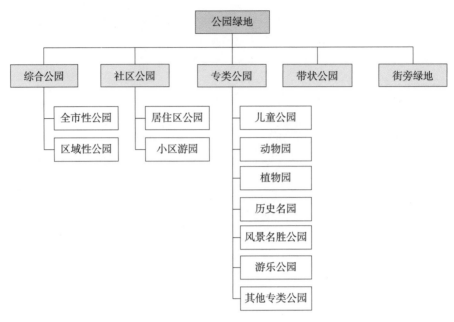

图 1-1　公园绿地分类结构图（2002）

2017 年出台的《城市绿地分类标准》CJJ/T 85—2017，将公园的分类也调整为综合公园、专类公园、社区公园和游园 4 类，与 2016 版的《公园设计规范》GB 51192—2016 保持一致。专类公园包括动物园、植物园、历史名园、遗址公园、游乐公园、其他专类公园。其他专类公园包括儿童公园、体育健身公园、滨水公园、纪念性公园、雕塑公园以及位于城市建设用地内的风景名胜公园、城市湿地公园和森林公园等（表 1-2、图 1-2）。

2. 各地公园的分类分级

（1）北京

2006 年北京公园行业管理实现了城乡统筹，湿地公园、森林公园等纳入了公园行业管理范畴。在大力推进生态文明建设的大背景下，北京新出现了一批郊野公园、滨河森林公园，上述这些公园类型在以往的公园分类中是没有的，因此，在梳理和研究国内外有关公园的分类分级资料基础上，北京园林绿化行政主管部门结合实际，2016 年制定了《北京市公园分类分级管理办法》，将北京众多公园分为五类三级（表 1-3、表 1-4），再针对各类各级公园制定了相应的管理标准，为全面推进公园精细化和差异化管理奠定了基础。

公园绿地分类一览表（2017）　　　　　　　　　　　　　　　　　　　　　表 1-2

类别代码			类别名称	内容	备注
大类	中类	小类			
			公园绿地	向公众开放，以游憩为主要功能，兼具生态、景观、文教和应急避险等功能，有一定游憩和服务设施的绿地	
	G11		综合公园	内容丰富，适合开展各类户外活动，具有完善的游憩和配套管理服务设施的绿地	规模宜大于10hm²
	G12		社区公园	用地独立，具有基本的游憩和服务设施，主要为一定社区范围内居民就近开展日常休闲活动服务的绿地	规模宜大于1hm²
G1	G13		专类公园	具有特定内容或形式，有相应的游憩和服务设施的绿地	
		G131	动物园	在人工饲养条件下，移地保护野生动物，进行动物饲养、繁殖等科学研究，并供科普、观赏、游憩等活动，具有良好设施和解说标识系统的绿地	
		G132	植物园	进行植物科学研究、引种驯化、植物保护，并供观赏、游憩、科普等活动，具有良好设施和解说标识系统的绿地	
		G133	历史名园	体现一定历史时期代表性的造园艺术，需要特别保护的园林	
		G134	遗址公园	以重要遗址及其背景环境为主形成的，在遗址保护和展示等方面具有示范意义，并具有文化、游憩等功能的绿地	
		G135	游乐公园	单独设置，具有大型游乐设施，生态环境较好的绿地	绿化占地比例应大于或等于65%
		G139	其他专类公园	除以上各种专类公园外，具有特定主题内容的绿地。主要包括儿童公园、体育健身公园、滨水公园、纪念性公园、雕塑公园以及位于城市建设用地内的风景名胜公园、城市湿地公园和森林公园等	绿化占地比例宜大于或等于65%
	G14		游园	除以上各种公园绿地外，用地独立，规模较小或形状多样，方便居民就近进入，具有一定游憩功能的绿地	带状游园的宽度宜大于12m；绿化占地比例应大于或等于65%

　　在公园分类基础上，针对综合性公园、社区公园、历史名园、主题文化公园、生态公园等不同类型公园管理特点，从公园品质和管理水平两个维度，北京市将每类公园划分为一级、二级、三级共三个等级，同时制定了《公园等级评定细则》，规定了每类公园分级的具体操作规则。

　　2022 年，北京园林绿化行政主管部门修订了《北京市公园分类分级管理办法》，将公园分为七类四级，即综合公园、社区公园、历史名园、专类公园、游园、生态公园、自然（类）公园共七类以及一级、二级、三级、四级共四个等级（表 1-5、表 1-6）。

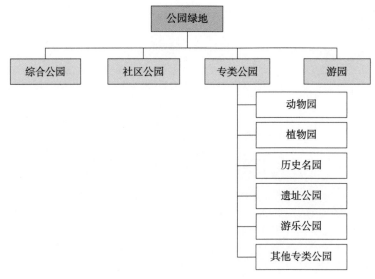

图 1-2　公园绿地分类结构图（2017）

北京公园分类表（2016）　　　　　　　　　　　　　　　　　　　　　　　　　　　　表 1-3

公园类型	定义
综合公园	设施齐全、内容丰富，具有游览、休憩、科研、文体及健身活动等多种功能，可为大多数入园人群的不同需求提供服务的公园，包括市域性综合公园和区域性综合公园。最低控制规模大于或等于 5hm²，适宜规模大于或等于 10hm²
社区公园	主要是为一定居住用地范围内的居民服务，侧重开展儿童游乐、老人休憩健身活动的公园。最低控制规模大于或等于 0.5hm²，适宜规模大于或等于 1hm²
历史名园	具有突出的历史文化价值，在一定历史时期或北京某一区域内，对城市变迁或文化艺术发展产生影响，能体现传统造园技艺且已列入历史名园名录的公园
主题文化公园	以特色主题或文化为核心内容的公园，包括主题公园、植物园、动物园和游乐园等
生态公园	以原生态或低人为干扰的自然环境为特色，侧重满足市民亲近大自然的需求，兼具科普生态教育功能的公园。包括森林公园、郊野公园、湿地公园等。最低控制规模大于或等于 20hm²，适宜规模大于或等于 50hm²

北京公园分级表（2016）　　　　　　　　　　　　　　　　　　　　　　　　　　　　表 1-4

公园等级	定义
一级	公园品质优秀，管理水平高的公园定为一级公园
二级	公园品质良好，管理水平较高的公园定为二级公园
三级	公园品质达标，管理水平一般的公园定为三级公园

公园类别评定条件对照表（2022）　　　　　　　　　　　　　　　表 1-5

公园类别／小类		功能定位	主要属性及特征	用地性质	主要服务对象	备注
综合公园		功能完善，设施齐全，内容丰富，适合开展游览、休憩、科普、文化、健身、儿童游戏等多种活动	适合不同人群开展户外活动。位于第一道绿化隔离地区及北京城市副中心环城游憩环上功能完善的大型公园可按综合公园确定。规模宜大于或等于 $10hm^2$，最低大于或等于 $5hm^2$	城镇建设用地邻近城市集中建设区的非建设用地	市区居民周边社区居民外来游客	考核万人拥有综合公园指数
社区公园		为一定居住用地范围内的居民就近开展日常休闲活动服务，侧重开展儿童游乐、老人休憩健身活动	毗邻居住组团，满足周边社区居民日常休闲游憩及健身需求。活动场地和配套设施较为完善。规模宜大于或等于 $1hm^2$，最低大于或等于 $0.5hm^2$	城镇建设用地邻近城市集中建设区的非建设用地	周边社区居民	
历史名园		以保护园林格局、文化资源及自然资源为主导功能，通过多种手段加以展示、传播、利用，兼顾休闲游憩等功能	首都历史文化名城重要遗产，历史、文化、生态及科学价值突出	城镇建设用地	市区居民周边社区居民外来游客	纳入万人拥有专类公园指数
专类公园	动物园	以特色主题为核心内容或具有突出的历史文化价值，具有相应的游憩和服务设施，侧重满足特色主题塑造和特定服务内容，兼具其他功能	野生动物人工饲养、异地保护、繁殖、展示	城镇建设用地非建设用地	市区居民周边社区居民外来游客	考核万人拥有专类公园指数
	植物园		植物科学研究、引种驯化、展览展示			
	遗址公园与纪念性公园		依托重要历史遗迹，纪念主题突出			
	其他（雕塑、儿童、健身、文化等）		具有雕塑展示、儿童娱乐、体育健身、文化保护宣传等特定主题			
	游乐公园		具有大型游乐设施的主题公园			
	城市湿地公园		以保护城市湿地资源为目的，兼具科普教育、科学研究、休闲游览等功能			
	近郊型郊野公园		位于第一道绿化隔离地区或北京城市副中心环城游憩环，突出植物景观特色，兼具日常游憩健身功能和生态服务功能			
游园		方便周边居民和工作人群就近使用，兼具塑造城市景观风貌功能	用地独立，规模较小，开放式管理，具有休闲游憩功能和简单游憩服务设施	城镇建设用地	周边社区居民周边工作人群	

续表

公园类别/小类		功能定位	主要属性及特征	用地性质	主要服务对象	备注
生态公园	郊野公园	以原生态或低人为干扰的自然环境为特色，自然、古朴、野趣，侧重满足市民自然体验和郊野休闲游憩，兼具其他功能	主要位于第二道绿化隔离地区，景观野趣自然，满足市民自然体验与郊野休闲	非建设用地	市区居民	
生态公园	滨河森林公园	大型滨水带状生态公园，森林景观及生态环境良好，兼具日常休闲游憩及郊野休闲服务功能	位于河流两侧，森林景观特色，具有滨水步道系统和相应的配套服务设施及活动场地	非建设用地	市区居民周边社区居民	
	乡村公园	位于乡村，独立占地，满足农村居民就近开展日常休闲游憩和健身活动的需求	乡村公共绿地，具有一定规模和相应的游憩服务设施及活动场地	非建设用地	周边村镇居民	
自然（类）公园	森林公园	以森林和野生动植物资源及其外部物质环境为依托，以生态保护为目的大尺度公园	以自然风景优美的森林自然景观为特色，从属于自然保护地体系，经相关部门批准设立，服务范围仅限于对游客开放区域，以生态功能为主，兼具景观、游憩、科普、康养、自然体验等功能	非建设用地	市区居民外来游客	
	地质公园	以具有特殊地质科学意义的地质资源为依托，以保护地质遗迹、普及地学知识为主要目的，兼具有生态、景观、休闲游憩等其他功能的自然区域	以具有珍稀、独特的地质遗迹景观为特色，从属于自然保护地体系，经相关部门批准设立，服务范围仅限于对游客开放区域，融合地质研究与普及、生态、观光、景观、游憩等功能	非建设用地	市区居民外来游客	
	湿地公园	以保护湿地生态系统、合理利用湿地资源、湿地宣传教育和科学研究为目的，经国家或地方人民政府林业部门批准设立，按照有关规定开展生态旅游并予以保护和管理的特定区域	以天然的湿地景观为主体，河、湖、滩涂景观及湿地特有动植物特征鲜明，配置相应的服务设施。从属于自然保护地体系，经相关部门批准设立，服务范围仅限于对游客开放区域，具有湿地生态系统和生物多样性保护、景观、文化科普、休闲游览多种功能	非建设用地	市区居民外来游客	
	风景名胜区	具有观赏、文化或者科学价值，自然景观、人文景观比较集中，环境优美，可供人们游览或者进行科学、文化活动的区域	风景名胜资源集中、自然环境优美、具有一定规模和游览条件，经省级以上人民政府审定命名、划定范围。从属于自然保护地体系，服务范围仅限于对游客开放区域，具有生态、文化科普、景观、观光等功能	非建设用地	市区居民外来游客	

北京公园分级表（2022）　　　　　　　　　　　　　　　　　　　　　　　　　　　　　　　　表 1-6

公园等级	定义
一级	品质优秀，管理水平高，具有示范带动作用的公园
二级	品质良好，管理水平较高的公园
三级	品质较好，管理水平达标的公园
四级	品质一般，管理水平基本达标的公园

（2）上海

上海园林绿化行政主管部门以《上海市公园管理条例》《城市绿地分类标准》CJJ/T 85—2017 为依据，结合上海公园特点，按照公园绿地主要功能，将在册公园划分为综合公园、社区公园、历史名园、专类公园四类（表 1-7）。其中，历史名园包括古典园林类和综合公园类，专类公园包括动物园、植物园、森林公园、雕塑纪念公园及其他专类公园。街心花园（口袋公园）仅作为完善公园体系的一项措施，仍按街头绿地进行管理，暂未纳入公园分类内容。

上海城市公园分类表　　　　　　　　　　　　　　　　　　　　　　　　　　　　　　　　　　表 1-7

类别名称		定义
综合公园		内容丰富，有完善的游憩和配套管理服务设施的适合于公众开展各类户外活动的规模较大的绿地
社区公园		具有基本的游憩和服务设施，主要为一定社区范围内居民就近开展日常休闲活动服务的绿地
历史名园	古典园林类	体现传统造园艺术，在历史、科学、艺术等方面具有独特的价值的园林
	综合公园类	保存较为完好的，具有历史价值的公园；在本地区或全国拥有较高美誉度的园林
专类公园	动物园	在人工饲养条件下，移地保护野生动物，进行动物饲养、繁殖等科学研究，并供科普、观赏、游憩等活动，具有良好设施和解说标识系统的绿地
	植物园	进行植物科学研究、引种驯化、植物保护，并供观赏、游憩及科普等活动，具有良好设施和解说标识系统的绿地
	森林公园	具有一定规模，且自然风景优美的森林地域，可供人们进行游憩或科学、文化、教育活动的绿地
	雕塑纪念公园	以历史人物、事件为主题，合理配置雕塑小品等景观元素，以展示、纪念为目的的绿地
	其他专类公园	除以上各种专类公园外，具有特定主题内容的绿地。主要包括儿童公园、体育健身公园、滨水公园等

在公园分类的基础上，实行按类分级。按照星级公园的分级办法，上海城市公园由低到高分为五级，依次为基本级、二星级、三星级、四星级、五星级（表1-8）。其中综合公园分三级，从三星级到五星级；社区公园分四级，从基本级到四星级；历史名园分三级，从三星级到五星级；专类公园分三级，从三星级到五星级。

上海城市公园分级表　　　　　　　　　　　　　　　　　　　　　　　表 1-8

类别名称	分级				
	基本级	二星级	三星级	四星级	五星级
综合公园	—	—	●	●	●
社区公园	●	●	●	●	—
历史名园	—	—	●	●	●
专类公园	—	—	●	●	●

（3）深圳

深圳公园分为自然公园、城市公园、社区公园三大类，其中自然公园包括森林公园、郊野公园、地质公园、湿地公园等；城市公园包括综合公园和专类公园；社区公园是指为一定范围内居民提供户外休憩、运动和观赏等活动空间的开放式绿地。

（4）扬州

根据《扬州市公园名录管理办法》，扬州的公园分为综合公园、社区公园、专类公园和口袋公园。

综合公园是指具有较完善设施和绿化环境，适合公众开展各类户外活动的规模较大的，面积不小于 $10hm^2$ 的公园。

社区公园是指为一定居住用地范围内的居民服务，具有良好设施和绿化环境的，面积在 $0.5\~10hm^2$ 之间的公园。

专类公园是指以某种使用功能为主的公园绿地，如历史名园、动物园、植物园、儿童公园等。

口袋公园是指规模很小的城市开放空间，常呈斑块状散落或隐藏在城市结构中，为当地居民服务的，面积在 $0.5hm^2$ 以下的小型绿地、小游园、街心花园等。

依据《扬州市开放式公园分类分级管理标准》，各类公园按照景观环境品质、设施建设现状、科教文化展示、管理水平等因素分为一级、二级和三级公园：

一级公园：知名度较高、游人量较多、功能设施较齐全、管养程度高的一批公园；全市公园行业的骨干，在全市公园管理中起到引领作用；绿化养护达到一级养护标准，无安全事故，公园品质优秀，管理水平高。

二级公园：绿化养护达到二级养护标准，无安全事故，公园品质良好，管理水平较高。

三级公园：绿化养护达到三级养护标准，无安全事故，公园品质达标，管理水平一般。

在众多城市中，这里只选择介绍了北京、上海、深圳、扬州四地具有代表性的城市公园分类分级情况。笔者认为，在公园分类分级的问题上，不应过多在学术上细究，没有哪一种分类分级方式是适合所有城市的，只有结合本地工作实际，从公园行政主管部门有效管理各类各级公园的角度制定公园分类分级管理规则才是最好的。

1.1.4　公园发展趋势

在公园城市建设的大背景下，目前国内公园事业发展呈现出一些新变化、新趋势：

（1）公园作为绿色资源的保护力度进一步加强。公园是城市的绿色生态空间，是宜居城市的重要体现，公园的边界及用地范围通过划定绿线保护，被随意侵占或蚕食的情况越来越少。

（2）大尺度公园建设项目越来越多。以北京为例，自2006年开始，在三环和四环之间的一道隔离地区，依托原有的林地，每年建10个左右的郊野公园，每个郊野公园500亩以上，目前已建成开放了100余个公园，形成了一道隔离地区公园环；近年来北京每个新区建成开放一个万亩以上的滨河森林公园，一共有11个；推进建设更大尺度的公园，比如东郊森林公园、温榆河公园、通州绿心公园，这些公园均比奥林匹克公园（680hm²）的规模还要大很多。从全国范围看，各地近年来也都在建设大尺度的公园，城市绿量得到快速提升。

（3）城市公园数量不足，分布不均的问题正在改善。像北京这样一个超大城市，常住人口 2000 多万，公园绿地 1000 余个，公园的数量和面积较市民和游客的需求还有不小差距。北京正在大力疏解、整治、提升以及留白建绿，原来比较头疼的公园 500m 半径覆盖不了的问题，正在以前所未有的力度改善。

（4）科学合理的公园体系正在构建。森林公园、湿地公园、地质公园、水利公园等各种类型的公园以及风景名胜区、自然保护区等自然资源保护地将纳入公园体系统筹保护和管理。按照层级划分，有国家公园、省级公园、城市公园以及乡镇公园等四级。

（5）公园以园养园的运营模式发生改变，财务收支更加公开和透明。随着公园配套建筑的规范使用，原来主要以出租房屋取得收入，俗称"吃瓦片"式的公园经济越来越少。收支两条线，收支都是透明的，公园花的每笔费用将来都可能被要求公开可查询，类似英国伦敦的 8 处皇家园林，每年每一笔支出都在网上进行公布，均可查询，非常细致，将来我们的公园也会朝此方向发展。

（6）公园功能将会进一步拓宽。因地制宜赋予公园雨洪利用、防灾避险、文化、体育、科普教育等功能。

（7）依托互联网，公园提供的服务将会进一步扩大，公园文化创意活动日渐丰富。

1.2　公园管理

1.2.1　管理基础

公园的规划、建设是管理的基础。一座高品质的公园往往是规划、建设、管理一体化考虑的，也就是在规划、建设之初就会考虑管理的成本、管理的难易。但遗憾的是相当一部分规划设计单位不太顾及后期的管理，造成公园进入管理阶段后，还要通过管理中的建设来调整和纠正前期设计和建设的不足。

住房和城乡建设部制发的《关于进一步加强公园建设管理的意见》（建城〔2013〕73 号）对公园设计和建设提出具体要求：

1. 加强公园设计的科学引导

树立以人为本、尊重科学、顺应自然、低碳环保的公园设计理念，从设计环节上引导公园建设走节约型、生态型、功能完善型发展道路。

（1）严把设计方案审查关，防止过度设计。公园设计要严格遵照相关法规标准，严格控制公园内建筑物、构筑物等配套设施设备建设，保证绿地面积不得少于公园陆地总面积的 65%；严格控制游乐设施的设置，防止将公园变成游乐场；严格控制大广场、大草坪、大水面等，杜绝盲目建造雕塑、小品、灯具造景、过度硬化等高价设计和不切实际的"洋"设计。

（2）以人为本，不断完善综合功能。新建公园要切实保障其文化娱乐、科普教育、健身交友、调蓄防涝、防灾避险等综合功能，并在公园改造、扩建时不断完善。

（3）突出人文内涵和地域风貌。要有机融合历史、文化、艺术、时代特征、民族特色、传统工艺等，突出公园文化艺术内涵和地域特色，避免"千园一面"。

（4）生态优先、保护优先。要着力保护自然山体、水体、地形、地貌以及湿地、生物物种等资源和风貌，严禁建造偏离资源保护、雨洪调蓄等宗旨的人工湿地，严禁盲目挖湖堆山、裁弯取直、筑坝截流、硬质驳岸等。

（5）以植物造景为主，以乡土植物、适生植物为主，合理配植乔灌草（地被），做到物种多样、季相丰富、景观优美。

2. 严格公园建设过程的监管

在保护好现有公园的基础上，有序建设新公园，合理改造提升、扩建老旧公园。

（1）切实加强对新建、改建、扩建公园项目从招标投标到竣工验收全过程的专业化监督管理，确保严格遵照规划设计方案和工艺要求，安全、规范施工建设。

（2）以栽植本地区苗圃培育的健康、全冠、适龄的苗木为主，坚决制止移植古树名木，严格控制移植树龄超过 50 年的大树；严格控制未经试验大量引进外来植物；严禁违背自然规律和生物特性反季节种植施工、过度密植、过度修剪等。

（3）加强对新建、改建、扩建公园项目的竣工验收和审计，对违反规划设计方案施工、违规采购等行为要严肃查处，对不符合绿化强制性标准、未完成工程设计内容的公园建设项目，不得出具竣工验收合格报告。

（4）切实加强对公园建设项目竣工验收后养护管理的指导服务和监督检查。城市园林绿化主管部门要会同水利、交通、房产等各相关主管部门和质量监督机构，定期发布公园建设项目设计、施工、养护、监理单位遵守法律法规、工程质量、诚信等情况，及时公布违法违规企业名单及处罚结果。

（5）积极推广应用绿色照明、清洁能源、雨水收集及中水利用、园林垃圾资源化利用等新材料、新工艺、新技术，不断提升公园品质和功能。

1.2.2 管理依据

按照行业划分，公园属于园林绿化行业，规模较大的公园，一般还会作为景区纳入文旅部门的管理，如果公园中有文物、古建或有文保区域，还会纳入文物部门管理。此外，规划、建设、城市管理、水务、环保、交通、卫生防疫、安全生产监督、公安等部门对公园相关领域均有管理职能。因此，公园管理机构的管理者需要掌握了解的公园管理依据很多，按照约束力大小可以分为三类：

1. 法律法规规章

目前国家层面还没有一部公园管理的法律、法规和规章，涉及公园管理相关内容的法律法规规章包括但不限于:《中华人民共和国旅游法》《中华人民共和国文物保护法》《中华人民共和国森林法》《城市绿化条例》《大型群众性活动安全管理条例》《特种设备安全监察条例》《城市古树名木保护管理办法》《城市动物园管理规定》等。全国各大城市基本都有针对公园管理的地方性法规或政府规章，如《北京市公园条例》《上海市公园管理条例》《天津市公园管理条例》《广州市公园条例》《杭州市公园管理条例》《武汉市城市公园管理条例》《成都市公园条例》《西安市公园条例》《银川市公园管理条例》《厦门经济特区公园条例》《哈尔滨市城市公园管理办法》《呼和浩特市城市公园管理办法》《桂林市公园管理规定》等。

2. 政府文件

与老百姓民生相关的公园事业是随着经济、政治、文化、社会和生态文明的发展而不断发展变化的，因此公园管理也在因时发生着变化。负责公园行业管理的住房和城乡建设部、各地园林绿化行政主管部门，根据公园事业发展的重点、难点、热点，出台相关的管理办法或管理意见，规范公园的管理行为，如住房和城乡建设部制发的《关于加强公园管理工作的意见》（2005）、《关于进一步加强公园建设管理的意见》（2013）、《城市公园配套服务项目经营管理暂行办法》（2016），北京园林绿化行政主管部门制发的《北京市公园管理工作规范》《北京市公园分类分级管理办法》，上海园林绿化行政主管部门制发的《关于推进上海市公园城市建设的指导意见》《上海市公园绿地游乐设施管理办法》《上海市郊野公园运营管理指导意见》等。

3. 各类标准

公园管理所依据的标准包括国家标准、行业标准、团体标准和地方标准，如国家标准《公园设计规范》GB 51192—2016、《全国园林绿化养护概算定额》ZYA2（II—21—2018）、《旅游厕所质量要求与评定》GB/T 18973—2022；行业标准《国家重点公园评价标准》CJJ/T 234—2015、《城市绿地分类标准》CJJ/T 85—2017；团体标准《城市公园绿地应对新冠肺炎疫情运行管理指南》T/CHSLA 10002—2020、《公园管理工作导则》T/CAP 001—2021；北京市地方标准《公共场所中文标识英文译写规范 通则》DB11/T 334—2020、《精品公园评定标准》DB11/T 670—2009、《公园无障碍设施设置规范》DB11/T 746—2010、《公园绿地应急避难功能设计规范》DB11/T 794—2011、《公园数据元规范》DB11/T 1298—2015，广东省地方标准《城市公园园容绿化管理规范》DB44/T 2196—2019，广州市地方标准《城市公园分类》DBJ 440100/T 1—2007、《城市公园规划与设计规范》DBJ 440100/T 23—2009，深圳市地方标准《公园设施维护技术规范》SZDB/Z194—2016 等。

公园管理涉及的领域很多，除上面提及的以外，还涉及特殊群体（军人、老年人、少年儿童、残疾人等）优待政策、噪声防治、水污染防治、全民健身、公共场所禁烟、科学普及、文化场所经营、养犬管理、野生动物保护、进出境动植物检疫、夜景照明等。

各地方园林绿化行政主管部门或公园管理机构应对涉及公园管理的依据进行深入细致的梳理，形成一整套制度汇编，作为公园管理者的工具书，用时可方便查询，比如北京园林绿化行政主管部门就曾编辑整理过《公园管理手册》，收录了近80个与公园管理相关的法律法规、规范标准和政府文件，并按照使用频率从高到低排序，手册的内容随着文件的增减变化适时调整，方便公园管理者使用。

1.2.3 管理原则

管理是一项长期性、综合性、社会性很强的工作，其艰巨程度超过规划建设。从技术业务层面上讲，管理既是规划建设的延续，又是规划建设的再创造。从行政管理层面上讲，规划建设是基础，管理是关键。

公园管理需要把握的原则：

1. 生态优先

公园是城市绿地系统中最大的绿色生态斑块，被称为"城市的绿肺""城市的氧吧"，是城市中动植物资源最为丰富的地方。把握生态优先原则：一是公园不得被随意侵占、迁移、改作他用；公园地下空间的商业开发要严格控制；公园的边界是城市的绿线，具有刚性约束。二是公园中由植物铺陈的绿色本底要善加维护，并逐步优化，使其发挥更大的生态效益和景观效果。

2. 公园姓"公"

公园是公共资源，其存在不是为了盈利，而是为了提升人们的生活品质，为人们提供休闲、娱乐、健身、亲近自然的场所。因此，严禁任何与公园公益性及服务游人宗旨相违背的经营行为。把握公园姓"公"原则：一是严禁在公园内设立为少数人服务的会所、高档餐馆、茶楼等；严禁利用"园中园"等变相经营。二是禁止将政府投资建设的公园资产转由企业经营、将公园作为旅游景点进行经营开发。三是严禁违规增添游乐康体设施设备以及将公园内亭、台、楼、阁等园林建筑以租赁、承包、买断等形式转交营利性组织或个人经营。

3. 以人为本

公园是提供公共服务的场所，以游客为中心，服务游客，方便游客，这是公园管理的本义和职责。公园管理者要把实现游客愿望、满足游客需求，维护游客利益作为公园管理的出发点和落脚点；坚持以人为本，无论是公园的硬件建设还是软件建设，都要强化人性化的服务理念。绿地布局、草坪建设、林下空间，避雨设施、园椅、厕所，展览、简餐、小卖店、文创店等，既要考虑生态、美观、文化内涵，更要考虑人对环境、设施、文化的需求。

4. 均等服务

公园服务对象是所有人，不论年龄、贫富、社会阶层，公园作为公共产品为每一个群体、每一个人提供均等化、无差别的服务，因此公园制定的管理服务政策应是对所有人友好的，不能分三六九等。

5. 经济性

公园是有生命的城市基础设施，因此它的健康运行，需要足够的经费给予保障。经费一方面来源于政府财政投入，另一方面来源于公园内商业活动的营收。公园管理中无论是涉及水、电、气、暖等基础投入，还是绿化养护、设施维护、为民服务项目等的投入，都应当适度恰当、精打细算，也就是要花好每一分钱。

6. 公众参与

公园是为游客提供服务的，服务得好坏，游客最有发言权。一方面公园管理方通过游客调查、景区改造方案公示、游客服务项目征求意见、市民热线诉求办理等方式，了解他们的所想、所盼、所需，进而调整公园管理的思路和方式；另一方面鼓励公众作为志愿者参与公园管理服务，发挥"宣传、劝阻、监督、桥梁"作用，如北京的"首都公共文明引导员"、武汉上海南昌厦门等地的"市民园长"在公园管理中都发挥了很好的作用。

1.2.4　管理内容

公园管理的内容很多，包括绿化养护、环境卫生、设施配套、商业经营、安全管理、文化传播、公众服务、志愿服务、绿色发展等。第 2 章还将详细介绍，这里不再赘述。

1.3 公园精细化管理

精细化管理是社会分工的精细化以及服务质量的精细化对现代管理的必然要求，是一种以最大限度地减少管理所占用的资源和降低管理成本为主要目标的管理方式。

公园作为城市的基础设施、公共产品，同样也需要通过精细化管理，最大限度地减少管理所占用的资源并降低管理成本，不断提升工作质量和工作效率。

1.3.1 精细化管理定义

公园精细化管理是指：通过建章立制、细化标准、优化流程，实现公园管理工作的无缝隙、全覆盖、无死角。

1.3.2 精细化管理目标

以"精"为目标，以"细"为手段，把精细化理念贯穿到公园管理的全过程，实现公园管理从定性到定量、从静态到动态、从粗放到精细、从经验型到科学化的转变，实现公园发展思路明晰，运行模式科学，绩效考核全面，管理和服务人员的执行力和工作质量大幅提高，游客满意度显著提升。

1.3.3 精细化管理路径

精细化管理是一门系统的管理科学，它是建立在常规管理的基础上，并将常规管理引向深入，将管理工作中做"精"做"细"的思想和作风贯彻到所有管理环节的一种科学有效的管理模式，努力使公园管理工作形成"事事有人做、做事有程序、执行有标准、考核有依据"的精细化管理格局。

1.3.4　精细化管理模式

在全国推进城市精细化管理的进程中，各城市都在不断探索公园精细化管理，比如公园中植物养护的精细管理、大型文化活动网格化的精细管理等。有些城市是通过评定精品公园或星级公园（见第 3 章第 3 节）等方式，相对系统地推进公园精细化管理。

这里介绍一套公园精细化管理模式，这是北京针对公园数量不断增多，一些管理者经验不足，或有些管理者尽管有经验，但管理水准不稳定，管理相对粗放的情况，总结提炼出"一制度六台账"的精细化管理模式，此模式在北京实施效果显著。

1. "一制度"

一制度，指的是公园管理制度，包括但不限于：规划设计与施工管理、绿化种植与养护管理、园容和卫生管理、房屋和设施管理、服务管理、文化活动管理、文物管理、收费公园票务管理、安全管理、档案及资料管理、节假日管理等所有涉及公园管理的内容。制度一经建立，不是一成不变的，需要随着社会经济发展、公众需求变化、员工素质提升以及科学技术的进步，不断地丰富、完善、提升。公园精细化管理首先要建立健全动态调整的公园管理制度。

公园管理制度的建立应当依据中央及地方出台的法律、法规、政策、规范、标准等文件。以北京公园管理制度为例，参考了住房和城乡建设部《关于加强公园管理工作的意见》《关于进一步加强公园管理工作的意见》等两个文件以及《北京市公园条例》《公园管理手册》《精品公园评定标准》《北京市公园管理工作规范》《北京市公园安全管理规范（试行）》《北京市公园岗位职业道德及行为规范》《北京市城市绿地建设和管理等级质量标准（试行）》《北京市公园维护管理费用指导标准》等法规、标准及相关文件。

2. "六台账"

针对公园管理的重点、难点和热点问题，公园精细化管理要建立"六台账"，即年度工作台账、运营基础台账、绿化养护台账、安全管理台账、检查整改台账、游客诉求办理台账。

（1）年度工作台账：包括年度计划、责任分工、时间安排、工作成果等。建议编制"公园管理工作年历"（体现每年固定发生，带有周期性的管理行为，固化为工作机制，定时启动）。

（2）运营基础台账：包括公园绿化养护、设施维护、水面清洁等三项年投入费用及资金来源（上述三项内容在《北京市公园维护管理费用指导标准》中有明确的投入标准）；公园水电气热年用量、单价及费用；缴纳的相关税种、税率、税费；配套建筑及相关设施使用情况；公园地下管线情况；公园人员结构等。

（3）绿化养护台账：包括公园植物基本情况、植物养护管理计划及实施情况、骨干树木和特色花卉的培育情况、病虫害防治情况等。应编制公园植物养护工作年历。

（4）安全管理台账：包括安全生产，安全秩序以及重点节假日、文化活动、极端天气及突发事件的安全管理等。

（5）检查整改台账：日检、周检、月检、季检、年检情况，涉及问题提出、整改措施落实、整改前后对比（必要时需以照片对比整改效果）。

（6）游客诉求办理台账：包括人大、政协提案建议办理；公园管理问题督办件办理；"12345"市民热线诉求办理等。

3. 制度与台账的关系

公园管理制度可以看作公园管理的各项工作标准，台账则是执行标准的过程记录，通过台账的记录，发现问题，解决问题，进而评估制度是否需要修改修订（图1-3）。因此，台账是动态的，同时制度也不能是一成不变、一劳永逸的，好的制度是需要不断完善优化的。

"一制度六台账"公园精细化管理实际上构建了公园管理的PDCA循环（图1-4）。

P——Plan（计划）公园管理工作要有计划；

D——Do（执行）计划实施过程中涉及各方面工作的落实要执行管理制度（管理制度可以看作是管理的标准或要求），执行过程要有记载；

C——Check（检查）通过检查和考核，发现计划在执行过程中的问题；

A——Act（修正）通过解决问题，对工作计划进行修正，同时检视管理制度是否需要细化和完善。

用斜坡球理论可以很好地解读公园精细化管理（图1-5）。公园精细化管理工作是不断重复PDCA循环的过程，就像在斜坡上推球，让球维持在斜坡上的某一点，需要使力，想要把球推向更高的高度，则需要使出更大的力道，一旦泄力，球就会顺势下滑。公园精细化管理一样，要维持一定的管理水平，需要付出辛苦，要想提升水平则需要付出更大的努力，一旦管理上松劲，管理工作的质量和效果将会迅速下滑。

图 1-3 "一制度六台账"公园精细化管理结构图

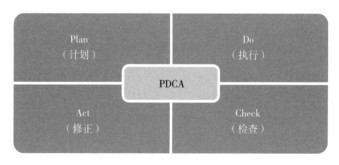

图 1-4 公园精细化管理的 PDCA 循环

1.3.5 精细化管理要求

1. 公园"一把手"工程

公园实施精细化管理应为"一把手"工程，由公园园长（主任）主抓，成立工作小组负责统筹推进并适时指导、监督和检查。

图 1-5　斜坡球理论解读公园精细化管理的 PDCA 循环

2. 把握适用性原则

由于公园的类型、规模、投资体制、管理模式等方面的差异，没有适用于所有公园精细化管理的统一模式和标准，具体到某一个公园实施精细化管理，应在公园原有管理基础上，根据自身实际，制定切实可行的公园精细化管理方案，可以是"一制度六台账"，也可以是"一制度五台账"或"一制度十台账"，还可以依托公园精细化管理的核心思维，建构其他更适合的管理模式。总之，最适用的管理方案才是最好的管理方案。

3. 重视创新引领

所谓管理中的创新不一定都是最新最高科技手段的应用，而应是针对管理中存在的问题，通过转变管理理念，制定适用的标准，细化工作流程，弥补管理缺陷和漏洞，应用合适的技术手段，达到管理质量和管理效能的提升。创新不在于有多么"高、精、尖"，而在于"管用"。

4. 加强人才培养

通过实施公园精细化管理，各公园管理机构应当通过"走出去"学习和"请进来"培训相结合的方式，丰富和提升公园管理人员的相关业务知识和专业技能，努力建设公园管理专家团队。专家团队应包括公园植物种植及养护、管理服务和经营、投诉处理、历史研究、文化创意、活动策划、科普宣传等领域的人才。

5. 注重信息技术的引入

现代社会是信息化的社会。公园数量越来越多，类型越来越丰富，管理和服务要求、标准越来越高，管理的数据越来越庞杂，通过信息技术的引入，可以对我们的管理信息进行储存、分类、统计、分析，记录管理过程，查找管理问题，固化管理成果。因此，信息技术是公园实施精细化管理的工具，应充分认识其作用，并善加利用。

北京推进公园精细化管理模式的具体做法是：先选择试点公园，然后在全市范围全面推进。其制定了三年行动计划，每年分四个阶段安排，一是动员部署阶段，二是计划和方案制定阶段，三是实施阶段，四是总结考核阶段。从整体推进情况来看，效果很好。实践证明，精细化管理推进一旦确定了目标、方向和路径，关键是坚持，持之以恒必能收获好的效果。

第 2 章

公园精细化管理内容

在公园城市建设的大背景下，公园既要发挥城市绿色本底的重要节点作用，同时它也是城市的一部分，与城市其他设施相连接，因此无论在理念、内容还是方式、方法上，公园精细化管理既要考虑公园自身发展的需要，同时也要适应城市发展的需要。公园作为城市的重要空间，应当在彰显生态价值、塑造城市风貌、创建宜居生活、增进民生福祉、激发经济活力、实现城市高效能治理等方面成为标杆，发挥示范作用。本章内容将涉及公园绿化养护、环境卫生、设施配套、商业经营、安全管理、文化传播、公众服务、志愿服务、绿色发展等。公园精细化管理的内容应随着公园城市的发展而不断发展变化。每座城市在向公园城市迈进的过程中，会逐步形成自身特点，正是这些特点使得每座城市有别于其他城市而具有自身独特魅力。不同城市中的公园，其精细化管理内容既有相似之处，也一定会有所不同。下文选择介绍公园精细化管理中的一些共性内容。

2.1 绿化养护

2.1.1 植物本底调查

公园优美的绿色景观环境是吸引游客前往的最主要原因，因此公园中绿地的高质量、高水平维护养护尤为重要。通过开展植物本底调查，摸清公园的植物底数，是做好维护养护工作的前提和基础。植物本底调查内容包括公园绿地面积、绿地率、绿化覆盖率，植物的品种、规格、数量、分布、健康状况。植物按照乔木、灌木、地被三类统计，特别要重视古树、名木、高大乔木。要建立含有植物名称、科属、规格、分布、生态习性、观赏特性、健康状况等内容的植物台账，有条件的公园还应建立植物信息数据库，由专业人员进行信息采集、录入和数据库的动态维护。

2.1.2　养护方案制定

公园绿地的养护随着季节变化，工作内容和重点也会相应发生变化，而这种变化以一年为一个周期，循环往复。尽管每一年的气候或多或少有差异，但总体上还是具有强周期性的，因此公园绿地的养护方案宜按照月度安排工作内容。

制定养护方案需要关注两方面标准：一是养护管理的质量标准或技术规范，二是养护管理的投入标准。由于各地物候差异、植物不同，养护管理的质量标准和投入标准会有很大差别，无法给出统一标准。各地园林绿化行政主管部门应当结合本地情况，制定符合本地实际的质量标准和投入标准。以北京为例，2022 年北京市园林绿化行政主管部门在原地方标准的基础上修改完善并出台了《城镇绿地养护技术规范》DB11/T 213—2022，规定了北京地区绿地中的植物养护的质量标准。公园中的绿地作为城镇绿地的重要组成，适用这个标准。2011 年北京市园林绿化行政主管部门制定了《北京市公园维护管理费用指导标准》，这是投入标准。上述两个标准是北京公园制定养护方案的主要依据。

在第 1 章第 3 节公园精细化管理中提及，要建立公园绿化养护台账。这个台账中的一项重要内容是"编制公园植物养护工作年历"，按照月度安排公园绿地养护的工作内容，这个年历实际就是养护方案，在此基础上加上工作量，就形成了养护管理的工作计划。

公园植物养护工作年历（养护方案）中的每月度方案应包括三方面内容：一是物候特点，二是养护工作重点，三是养护工作主要内容。在养护工作主要内容中，根据月度工作特点，全部或部分涉及：浇水、施肥、除草、补植、修剪、排水、病虫害防治、节日花卉栽摆、防寒防盐围挡、除积雪、绿地卫生、维护巡视、防火巡查、劳动力及物资准备、职工培训、工作总结等。

公园绿地的养护管理，随着大自然的节律，该浇水时浇水，该施肥时施肥，该打药时打药，时间错过了，后期投入再多的成本可能都无法弥补，久而久之，植物的长势受影响，景观质量打折扣，最后只能通过更换植物来优化景观效果。很多公园虽然已建成多年，但小老树多，大树景观少，没有乔灌草复式结构，或复式结构不合理，当然这里有植物规划设计和配置问题，但更主要的恐怕是植物养护不到位、精细化管理水平不高的问题。

借助"公园绿地养护管理年历"可以养成好的工作习惯，通过工作台账管理，记录工作过程，发现问题、解决问题，不断优化工作，进而达到精细化管理的目标。

2.1.3 生物多样性维护

生物多样性是维持生态系统的基本保障。城市是高强度人类活动区域，而人类活动是造成生物多样性下降的最主要原因。城市公园为动植物提供了良好的栖息地，是城市生物多样性承载的重要区域，科学维护公园的生物多样性意义重大。首先，它有助于积极应对城市化带来的各类污染加剧、生物入侵等问题，以及由此导致的生态系统负担加重。其次，有助于稳定生态系统，提高城市环境品质，从而提升公民的健康和福祉。

（1）构建绿色网络空间。保持公园连续、完整的绿色空间，尽可能与城市绿带相连，形成动植物走廊，保护动植物的生存空间（图2-1）。

（2）自然生境管理。公园中的绿地管理方法和强度会对生物多样性造成显著影响，如植物病虫害防治、拔野草的频率等会导致动植物数量和丰富度降低，因此需要开展更多、更持续、更深入地研究与实践，不断优化调整养护管理手段，用生物多样性友好的方式，打造自然健康的公园生境。

（3）合理预留低干扰的自生植物栖息地。利用自生植物营建低维护景观，不仅可以增添自然野趣，同时还可节约人力、物力以及资源的消耗。在维护公园绿地植物景观时，应注重自生植物在特定时空中的物种组成、多样性、景观表现，合理进行群落营造，并有针对性地采取养护管理措施。

（4）发挥公园宣传阵地的作用。加强宣教和引导，帮助城市管理者树立正确的生态观和生物多样性认知，发动公众参与城市生物多样性保护。

图2-1 北京奥林匹克森林公园

2.1.4 生态价值优化

植物具有固碳释氧、遮荫增湿、蒸腾吸热、吸污滞尘、减菌降噪、涵养水源、土壤活化和养分循环、维持生物多样性、防灾避险等生态功能，在缓解城市环境压力方面起着十分重要的作用，因此公园中的植物应充分发挥其生态价值（图 2-2、图 2-3）。

（1）运用园林植物生态功能评价研究成果，从生态适应能力、绿化生态效益、美化效果、抗病虫害性、抗污染性等方面对公园中植物的生态价值进行评估。评估结果用于确定公园植物生态价值优化的方向。

（2）尽可能增大公园绿地面积，不应因增设活动场地或增建设施而随意侵占绿地，公园中的绿地面积不应低于陆地面积的 65%。提高绿化覆盖率，多培育大树，精心养护古树，园路旁应种植遮荫效果好的树木，形成林荫道。可以利用攀缘、缠绕、下垂等植物绿化公园的建（构）筑物，增加公园绿量。

（3）合理改善植物的配置结构，提高现有绿地上的绿量。研究表明，片状绿地的生态价值优于带状绿地；乔灌草复层结构生态价值大于单层结构；与其他种植结构相比，草坪的生态价值最低，且养护管理费用高，因此公园中的草坪规模要控制。

（4）种植植物的生态习性要与种植地点的生态条件相统一，如种在山上的植物要耐旱，种在水边的植物要耐湿等。植物选择应以当地乡土植物为主。树木种植的密度应合理，以成年树木树冠大小决定种植距离，避免为追求"立地成景"而造成树木的密植，树木因无成长空间而长成"小老树"，生态效益不高，植物资源也被浪费。

图 2-2　北京北二环城市公园中的植物配置　　图 2-3　北京动物园中的大树景观

2.2 环境卫生

2.2.1 园容卫生

清新整洁的园容环境，是游客入园的第一印象工程，因此公园管理机构一直以来均高度重视园容卫生，园容清扫保洁工作内容主要包括：

（1）公园应于每日开放之前对主要干道、主要游览区和各个开放庭院进行清扫，开园后不得进行大范围扬尘的清扫作业。非主干道和非主要游览区应经常清扫，做到无卫生死角。

（2）应保持路面美观、完好无损。保洁人员到岗到位，保持路面清洁，做到垃圾无存留。

（3）雨雪后应及时清扫园路，白天降雪时应做到随降随除，来不及清扫的要设立提示标志。公园内禁止使用化学除雪剂。

（4）植物修剪、打药等绿化施工养护工作应避开游客游览高峰时段，公园保洁以不影响游客游览为原则。

（5）草坪、地被保持整洁，绿地内垃圾应及时清理，做到无石块、陈旧纸屑、果壳、砖块及其他垃圾。

（6）应对树挂、电杆、建（构）筑物外立面及时清理，加强日常保洁。做到游览区无废弃物，水面无废弃漂浮物，路面无痰迹，室内无残破痕迹，全园无违规停放车辆。

（7）殿堂展室、票房、木屋等设施做到无蛛网、落灰，做到墙上不乱绑、地上不乱丢、桌上不乱放、边角无破损。

（8）商业网点应设专人负责清理垃圾，保持店容店貌整洁美观。

（9）路椅、垃圾桶、健身器材、游船等设施应当每日清洁，定期消毒，做到整洁美观。

（10）各种引导标识（导游全景图、标识牌、指示牌、景物介绍牌、公共信息图形符号等）、游客公共休息设施、建筑门窗、室内外环境全天候保持干净完好。

（11）在公园开放时段内，室内外地面、水面、树下等可视范围，保洁工作不得间断。

（12）公园内严禁乱搭、乱设摊点，严禁乱堆放杂物、乱设牌示、乱张贴通知广告、乱拉绳拦路、乱设各种不合理设施、乱放工具用品等。

（13）禁止在公园内焚烧树叶、荒草、废弃物等生产垃圾和生活垃圾。生产垃圾和生活垃圾应及时清运到指定地点并分类处置，按规定进行喷药消杀处理，以防蚊蝇滋生、病毒传播。垃圾桶要定时清洁消毒，垃圾不外溢，不过夜，无异味，日产日清。

（14）应加强对园内垃圾转运站的管理，及时清运，防止积存，定期对垃圾转运站进行消毒。

（15）入园作业保洁车辆时速不得超过 5km/h，保洁车辆外观应干净整洁，无异味，并定期消毒，作业过程不得遗漏遗洒。

2.2.2　水体保洁

水是公园的魂，有水的公园富有灵气（图 2-4、图 2-5）。公园中的水体，特别是规模较大的水体，城市水务和环保部门都有管理职责，水务部门负责水量的调蓄，环保部门负责水污染防治。公园管理机构一般负责水体保洁以及配合水务、环保等部门监测水量和水质，主要工作内容包括：

（1）公园应当加强与水务、环保等部门的协调与沟通，保证水体的正常水位，维护水体的景观效果。

（2）公园应加强水面保洁，并积极配合水务、环保等部门对水质进行定期监测，水质应达到《地表水环境质量标准》GB 3838—2002 的要求，无异味，无废弃漂浮物。

图 2-4　上海方塔园中的水景　　　图 2-5　国家植物园（北园）中的水景

（3）公园内产生的所有废弃物均不得进入公园水体。如水体出现污染、水华等情况，公园应积极协同环保、水务等部门采取有效措施进行治理。若出现比较严重的水体污染情况，公园应及时向上级主管部门和当地环保部门报告。

（4）公园应每天检查水面卫生，打捞废弃物。及时打捞清运水草，清理干枯的水生植物。北方地区应在冰冻期到来之前，彻底对水面进行清理保洁。

（5）公园应在水体沿线重点区域安装警示牌。

2.2.3　厕所清洁

厕所是每个公园必须配套的服务设施，是公园管理中绝对不能忽视的重点（图 2-6、图 2-7）。厕所管理的好坏，反映公园整体的管理水准，关系到公园服务品质的高低。每个公园针对厕所的清洁都有具体的管理措施和办法，以下内容供参考。

（1）厕所开放时间应与公园开放时间同步。

（2）厕所应设专职保洁人员，保洁人员的照片、工牌应上墙公示。应设专人负责厕所保洁工作的监督检查，针对游客诉求优化服务。

（3）应选用环保卫生药剂对厕所进行定期喷洒除臭，做到无蝇、无蛆、无粪便外溢，做到地面干净，室内无异味、无污垢。

（4）保洁人员每晚闭园前应对厕所进行全面冲洗，并检查设备设施是否完好，其他时间只能清洁不得冲洗，特殊情况需要冲洗的，冲完立即将

图 2-6　公园中的厕所（外部）　　　　图 2-7　公园中的厕所（内部）

地板擦干，不得留有积水。

（5）每个厕所应配备温馨提示牌，有条件的可提供卫生纸、洗手液。

（6）应经常性对厕所内设施进行检查和维护。保持厕所门窗、灯具、大小便器、扶手等设施齐备完好。应建立维修维护台账，对维修维护的时间、人员、内容进行记录。

（7）厕所内严禁堆放杂物和垃圾，清洁工具和用品不得外露。

（8）公园遇重大节假日或大型活动时，应根据入园游客量增长预测，提前做好临时厕所的增设工作。

（9）公园厕所的维护管理标准应参照各地城市管理部门出台的公共厕所管理办法或标准。

2.3　设施配套

2.3.1　配套建筑使用

实际上，公园配套建筑及设施的使用在《公园设计规范》GB 51192—2016 及各省市有关公园建设和管理的地方性法规中都有相关的规定，单独作为一项内容提出，主要是与 2013 年底开始的公园会所整治直接相关。

2013 年底至 2014 年初，各地公园管理机构按照中央及各地方党委、政府的要求，对公园内的私人会所和高档娱乐场所进行了整治，工作迅速，整治到位。为巩固工作成果，构建长效机制，北京、上海、杭州等地均制定了公园配套建筑及设施使用管理的相关规定。结合住房和城乡建设部 2016 年印发的《城市公园配套服务项目经营管理暂行办法》，规范公园配套建筑及设施使用管理主要包括以下内容：

（1）明确相关概念。公园配套建筑及设施，是指公园内用于游览、休憩、服务、公用和管理的建筑物及亭、台、楼、阁、廊、榭等构筑物

图 2-8　公园中的建（构）筑物（1）　　图 2-9　公园中的建（构）筑物（2）

（图 2-8、图 2-9）。私人会所，是指改变公园公共资源属性设立的高档餐饮、休闲、健身、美容、娱乐、住宿、接待等场所，包括实行会员制的场所、只对少数人开放的场所、违规出租经营的场所。

（2）公园配套建筑及设施是公共资源，具有公益属性，应当按照《公园设计规范》GB 51192—2016 或已获批准的公园规划设置，其位置、体量、规模、形式要与公园定位及功能相适应，与公园景观相协调。

（3）禁止占用公园配套建筑及设施，以租赁、承包、转让、出借、抵押、买断、合资、合作等形式设立私人会所。

（4）未经相关部门批准，禁止在公园内新建建筑物、构筑物，或者对公园内建筑物、构筑物进行改建、扩建，禁止改变公园内建筑物、构筑物的使用性质和用途。

（5）公园历史建筑、文物保护建筑应当依法按照原有风貌和格局进行保护。严禁损毁、改建、拆除原有文物建筑及其附属物。禁止建设影响文物建筑原有风貌和格局的建筑物、构筑物。建筑内的配套服务项目应严格控制经营类型和规模。

（6）公园内餐饮、展示、游憩等服务性用房所在的公共区域应当向公众开放，除安全需要外，禁止设立"游人止步""禁止入内"等不当牌示。禁止占用公园内亭、台、楼、阁、廊、榭等公共资源封闭经营。

（7）公园管理用房不得改作经营性用房，不得出租、出借。

（8）与公园功能相配套的游客服务中心、餐厅、快餐店、茶座、咖啡厅、小卖部、游乐园等服务设施，应当按照公园总体规划和公园设计方案统一布设，其规模应当与公园定位及游人容量相适应。

（9）公园经营性服务项目，应当坚持公益性及为大众服务的宗旨，原则上以公园自营为主，确需引进的经营服务项目，须经批准，实行"收支两条线"，纳入同级预算管理。

（10）公园内的经营者应当在指定地点按照经营范围依法经营，遵守公园管理规定，不得擅自扩大经营面积、搭建经营设施。

（11）公园配套建筑及设施的使用应建立专项台账进行规范管理，接受社会、公众和新闻媒体监督。

2.3.2　座椅布设

1. 按照《公园设计规范》GB 51192—2016 对公园内休息座椅的设置规定

（1）容纳量应按游人容量的 20%~30% 设置。

（2）应考虑游人需求合理分布，应主要分布在游人集中活动的场所，沿路布置时，建议间隔为 50~100m。

（3）休息座椅旁应设置轮椅停留位置，其数量不应小于休息座椅的 10%。

（4）休息座椅除包括单独设置的座椅外，还包括棚架、亭、廊、厅、榭的座椅以及合适高度的可坐人的花池挡墙等。

2. 公园座椅设置应把握的原则

（1）公园座椅的设计要保持与周围环境协调。要融入环境，避免产生突兀感、生硬感。充分考虑其色彩、材料、质感，力求与环境完美融合。

（2）满足人的行为和心理需要。一般人们坐在座椅上的行为表现为休息、聊天、看书、观景，有安全性、舒适性、安静性的要求，应满足人的行为和心理需要。座椅一般设置在有安全感的地方，面向人的活动区域，视线要良好，同时也要考虑光线、风向。座椅多置放在广场周边、路的尽头、林下、岸沿等位置，座椅后方最好有墙、树、绿篱等依靠。座椅的设计和制作要符合人体工学原理，坐上去舒适（图 2-10、图 2-11）。

（3）以实用为主。因座椅在室外空间，风吹日晒雨淋，一般选择耐久性强的木质或仿木材料为宜，要做防水、防锈蚀处理，形式、色彩要实用美观，便于清洁、维护和管理。

（4）确保安全。座椅使用最多的人群是老人和小孩，座椅外缘不能有尖角和突出的地方，椅条之间的间隙应合理，避免孩子将手指放在里面卡住。最好有扶手，可以帮助老人站起，防止摔倒。

图 2-10　北京天坛公园中的座椅　　　图 2-11　上海中山公园中的座椅

（5）设计定型。由于公园的座椅数量多，经常需要更新，为避免不同时期出现不同式样的座椅，影响公园景观，应通过设计定型，确定座椅的种类、形式、尺寸、材质、色彩等。

2.3.3　垃圾桶布设

1. 按照《公园设计规范》GB 51192—2016 对公园内垃圾桶设置的规定

（1）垃圾桶的设置应与游人分布密度相适应，并应设计在人流集中场地的边缘、主要人行道路边缘及公用休息座椅附近。

（2）公园陆地面积小于 100hm² 时，垃圾桶设置间隔距离宜在 50~100m 之间；公园陆地面积大于 100hm² 时，垃圾桶设置间隔距离宜在 100~200m 之间。

（3）宜采用有明确标识的分类垃圾桶（图 2-12、图 2-13）。

2. 公园垃圾桶设置应把握的原则

（1）公园垃圾桶宜置放在游客聚集或停留的位置，这样的空间包括洗手间、餐饮区、贩卖车旁、售卖亭旁、广场、游人活动区等，还有主要的步行节点和交叉口。

（2）垃圾桶设置数量、间隔可根据公园游人流量的大小和废弃物产生量适当增减。

（3）公园举办大型活动或节假日，可在人流易聚集区域增设临时可移动垃圾桶，可选用敞口式、塑料袋支架式等简易垃圾桶，活动或节假日结

图 2-12　国家植物园分类垃圾桶　　　图 2-13　深圳香蜜公园分类垃圾桶

束后即撤除。

（4）同一公园应设置统一样式、材质、规格、颜色的垃圾桶。制作垃圾桶的材质很多，公园比较适合选用金属，钢木材质垃圾桶。

（5）垃圾桶内应套上塑料袋，方便清理。

需要说明的是，在垃圾桶的布设上，《公园设计规范》GB 51192—2016的相关规定是通用性的。不同类型、不同游客规模的公园，公园中的不同分区，垃圾桶置放的位置和数量都会不同，应该根据公园实际使用情况进行动态调整，比如园内有些地方有可能出现垃圾桶内的垃圾时常溢出的情况，说明需要更多的垃圾桶或更高频率的垃圾清理。因此，在参考相关标准时不能简单照搬。

2.3.4　栏杆布设

公园中的栏杆，可用作防护，保障游客安全；可用作分隔，让园林空间发挥更大作用；可用作示意，产生屏障功能（图 2-14、图 2-15）。

1. 《公园设计规范》GB 51192—2016 对公园护栏设置的规定

（1）各种安全防护性、装饰性和示意性护栏不应采用带有尖角、利刺等构造形式。

（2）防护护栏其高度不应低于 1.05m；设置在临空高度 24m 及以上时，护栏高度不应低于 1.10m。护栏应从可踩踏面起计算高度。

（3）儿童专用活动场所的防护护栏必须采用防止儿童攀登的构造，当采用垂直杆件作栏杆时，其杆间净距不应大于 0.11m。

图2-14 北京景山公园登山　　图2-15 上海中山公园绿地边上的栏杆
路上的栏杆

（4）球场、电力设施、猛兽类动物展区以及公园围墙等其他专用防范性护栏，应根据实际需要另行设计和制作。

（5）防护护栏扶手上的活荷载取值应符合下列规定：

①竖向荷载按 1.2kN/m 计算，水平向外荷载按 1.0kN/m 计算，其中竖向荷载和水平荷载不同时计算；

②作用在栏杆立柱柱顶的水平推力应为 1.0kN/m。

（6）防撞栏杆应符合现行行业标准《城市桥梁设计规范》CJJ 11 的有关规定。

（7）公园中的示意性护栏，指公园中带有一定装饰性，以示意的方式禁止游人进入而不具有安全保护作用的护栏设施。防护护栏泛指园林中能够起到安全防护作用的设施，可以是栏杆、矮墙或花台（池）等。

2. 公园栏杆设置应把握的原则

（1）安全要求。游客在公园游览时，喜欢凭栏远眺、沿栏漫步，孩子在园中追逐嬉闹常会触碰到栏杆，因此栏杆不能有尖角，表面不能有毛刺。必须满足结构强度，安装必须牢固。

（2）美观要求。公园栏杆作为公园配套设施，要统一设计，其风格、材质、形式、颜色、尺寸等应与公园景观环境协调，不显得突兀。公园栏杆的风格形式一旦确定，不应随意更改。

（3）位置选择。公园栏杆的设置与其承担的功能有关。作为防护功能的栏杆，根据需要，位置通常选在公园地形变化、较危险、人流集散的场地空间；作为分隔空间功能的栏杆，常设在公园活动分区的周边，绿地周围等；作为景观功能的园林栏杆，常设在花坛、草地、树池的周围。

（4）高度要求。公园中栏杆的高度参考相关标准并结合场地按需确定。草坪、花坛边缘用低栏，明确边界；在公园限制入内的空间、游乐场等用中栏，强调导向功能；在高低悬殊的地面、动物笼舍、外围墙等，用高栏，起保护和分隔作用。

2.3.5　无障碍设施设置

2008 年北京奥运会前，在"迎奥运，建设无障碍城市"的工作要求下，城市各行业主管部门纷纷出台无障碍设施指导文件，包括比赛场馆、奥运村、旅游景区、博物馆、影剧院、商场、公交地铁等。其间，北京园林绿化行政主管部门出台了《公园无障碍设施建设的指导意见》。

2008 年北京奥运会后，为固化奥运工作成果，北京园林绿化行政主管部门将《公园无障碍设施建设的指导意见》进行修改完善，经过多次专家论证，征求各级公园管理机构意见后，2010 年出台了北京地方标准《公园无障碍设施设置规范》DB11/T 746—2010，这也是北京公园管理的第一个地方标准，同时也是全国公园行业无障碍设施设置的第一个地方标准。

该标准制定的目的是为充分发挥公园的生态、景观、游憩、应急避险等综合功能，保障社会各类群体能够安全、自主、方便地参与公园各项游览、休闲娱乐活动，并为之提供尽可能完善的服务，使之能够平等共享公园的环境。

该标准包括范围、规范性引用文件、术语和定义、总体要求、公园入口、园路、公共厕所、服务区、无障碍标志及其他共十个方面内容。

这里特别需要强调以下内容：

（1）无障碍设施不仅为残障人士提供服务，同时也方便老年人、儿童及其他行动不便者在公园进行游览活动时，能够自主、安全、方便地通行和使用配套服务设施（图 2–16）。

（2）公园无障碍设施的建设和改造应与公园的总体环境景观协调，充分考虑其使用功能。本着安全、可达、便利、系统的原则，公园应确定无障碍设施设置的范围，制定无障碍设施建设与改造的规划和实施方案。

（3）公园的主出入口应设置为无障碍出入口，并应与公园外部无障碍

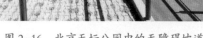

图 2-16 北京天坛公园中的无障碍坡道　　　　图 2-17 公园厕所中的无障碍厕位

通道相连接。门区应设置无障碍设施的导览图。

（4）公园至少应有一条抵达主要景区的闭合无障碍游览路线，如条件允许，提倡全园园路无障碍化。

（5）无障碍园路边缘种植不应选用硬质叶片的丛生型植物；乔木种植点距离路缘应大于 0.5m，枝下净空不能低于 2.2m。

（6）公园内公共厕所应设有无障碍厕位或第三卫生间（无性别厕所），提倡新建或改建厕所都应考虑设置第三卫生间，方便残障人士、老年人、儿童在家人陪同下如厕（图 2-17）。

（7）公园中的主要建筑（包括游客中心、展览厅、报告厅）以及休憩区域、餐厅、小卖店、自动售货机等都应方便坐轮椅人员到达和使用。

（8）公园内设置无障碍设施的，应在显著位置或人流集中位置设置国际通用的无障碍标志牌，文字标识使用中外双语文字。标志、标识应清晰、明确、易读，方便老人、儿童、残疾人等社会各类群体识别和使用。

（9）公园公共停车场应在距入口最近和通行方便的位置设置残疾人专用停车位，停车位的地面应清晰施划停车线、轮椅通道线和无障碍标志。

2.3.6　健身场地设施设置

国务院印发的《全民健身计划（2021—2025 年）》明确要求"到 2025年，全民健身公共服务体系更加完善，人民群众体育健身更加便利"。如何在保障公园主体功能的前提下，在城市公园绿地内合理增设全民健身设施和健身场地，是公园行业在新形势下面临的新课题。

1. 公园绿地设置体育设施和场地情况

我国各城市的公园业已成为全民健身设施和健身场地的重要载体。目前全国各地的城市公园大多配套了一定种类和数量的健身设施和场地，很多公园还根据游园市民的需求，不断地改造提升已有的健身设施和场地。这些健身设施和场地一般是公园管理机构与体育部门沟通协作，在新建公园规划建设之初安排，或者根据市民要求在现有公园中增设的。因此，公园绿地已经成为全民健身的重要场所之一。

城市公园绿地内健身活动越来越丰富多样。城市公园为市民健身活动营造了良好的自然景观环境，跑步、徒步、骑行、健身操、踢毽子、舞剑、太极拳、各种舞蹈等多项群众健身活动在各地城市公园全面展开。乒乓球、篮球、羽毛球、网球等有一定群众基础的体育运动也在有条件的公园开展。一些公园还不定期举办比赛和主题活动，积极引导市民参与全民健身运动，如社区武术太极拳（剑）比赛，沙滩排球比赛、学生足球赛、跑步节活动、主题健走活动等。

2. 目前存在的问题

（1）公园总量不足、分布不均匀

群众就近就便健身还远未达到全覆盖。联合国生物圈与环境组织提出"城市绿化面积达到人均 $60m^2$ 为最佳居住环境"，世界卫生组织推荐"国际大都市人均绿地面积 $40\sim60m^2$、人均公园绿地面积 $20m^2$ 为健康城市"，与这些要求相比，很多城市还有很大差距，人均公园绿地面积偏低。尤其是在城区，高强度的开发建设使增加公园绿地十分困难，公园绿地 300m（10min）、500m（15min）服务半径存在盲区，为此，需要进一步增加城市公园绿地数量，优化城市公园绿地空间布局，形成良好的城市公园体系。

（2）城市体育公园数量不足

尽管体育公园在国外已十分普及，但在我国专门的体育公园还比较少。在"全民健身计划"的深入推广以及北京夏奥会、冬奥会的成功举办下，国民的运动热情越来越高涨，运动健康观念持续加强，同时公园体系构建越来越多地考虑了体育功能的融入，在上述因素的共同影响下，全国各地掀起了体育公园建设的高潮。但总体而言，目前体育公园的数量依然不足且区域发展不平衡。

（3）公园绿地设置健身设施和场地缺乏专业性指导

目前相关的法规、行业规范、技术规程主要是针对公园的生态、游憩、娱乐、科普、防灾等主体功能，对于体育健身功能的设计、设施的管理以及体育健身功能与公园主体功能的关系等缺乏专业性指导，目前相关的法规、标准几乎是空白，健身设施的设置、管理出现一些问题：

1）部分健身器材质量有待提升、选址不合理。公园绿地内全民健身器材普遍受到大众青睐，尤其是在客流量大的综合性公园，使用频率极高，其质量不能满足高强度使用，经常损坏，造成一定使用限制和安全隐患。此外，健身器材多数是钢铁材质，部分器材设置未考虑遮荫等环境条件，夏季烈日下，器材发热发烫，导致人们不愿意使用。

2）健身器材权责不明确。公园绿地内健身器材绝大多数是体育部门提供安装的，维护维修应由体育部门负责，但实际现状是公园自行负责日常检修，发现小故障及时维修，大问题由于不具备相关专业人员，只能反馈至体育部门，但是手续繁琐，往往维修不及时，存在安全隐患，只能停用，同时公园经费中没有体育设施维护专项预算支持，使得体育设施为公众提供的服务打了折扣。

3）健身设施和场地管理不到位。部分健身设施和场地缺乏专业的使用引导和完善的管理制度，出现一些不文明行为，造成部分设施和场地一定程度上不合理使用或遭受破坏的现象。如某些健身器材被用作露天休息场所，甚至一些社区公园绿地的健身器材被占用晾晒被子、衣物；家长带领小孩在健身器材上玩耍，部分健身人群占用园路进行健身活动；争抢场地引发纠纷、高分贝健身活动滋扰民众等。

4）部分健身器材和场地对公园绿地景观造成一定程度不良影响。公园在规划之初对公园中绿地的面积、绿地率均有规定，在已建成的城市公园中设置健身设施和场地势必占用绿地资源，减少绿色空间。此外，为保障使用者安全，健身器材对地面铺装均有一定要求，混凝土硬化、橡胶地面等改变对周围植物生长环境造成一定程度不良影响，某些公园甚至出现健身器材周边树木逐渐衰亡的现象。

3. 加强公园绿地健身场地设施的建设与管理

公园绿地是城市基础设施之一，环境优美、空气清新，适宜开展群众性的体育健身活动，应该说公园绿地可以作为全民健身的重要场所，但不是唯一场所，也不是所有全民健身的项目都适合在公园绿地内开展。

（1）加强顶层设计

园林、体育等相关部门应当与城市规划部门通力协作，按照城市人口分布，在全面摸底排查、梳理分析的基础上，科学合理规划配置全民健身的设施和场地。公园绿地可以也应当作为健身设施和场地的重要载体之一纳入规划之中。除此以外，体育场、健身中心、社区多功能运动场、基层综合性文化服务中心，经改造的旧厂房、仓库、老旧商业设施、空闲地等闲置资源，均可作为全民健身场地设施的载体。也就是说，不应使公园绿地过度承载体育健身功能，而偏废其主体功能。特别需要强调的是，不同类型公园绿地主要功能不同，园林部门应当联合体育部门共同研究出台相关标准规范或技术导则，分类确定健身设施和场地在不同类型公园中建设改造的原则、内容、标准、管理要求等。

（2）增加城市公园绿地的用地指标及配套设施的建设指标

既然公园绿地已经成为全民健身的重要场所，应在满足其原有主体功能的前提下，进一步强化其体育休闲功能，因此城市的建设用地指标应当向公园绿地建设倾斜，结合城市空间环境发展战略，根据城市人口分布，构建数量达标、类型齐全、分布均衡、功能完备、品质优良的健康的公园体系，这也符合公园城市建设的需要。①合理规划、设计新建公园绿地。新建公园绿地应从规划和设计入手充分考虑其健身功能，结合地域环境及文化特色，合理配置景观，将健身设施和场地与公园设计建设融为一体，拓展更有利于健康的绿色空间，激发全民参与健身活动的热情。②积极推动体育公园建设。体育公园具备公园的基本属性，设计的基点是营造绿色景观环境，核心特点是融入自然的体育运动设施和场地。在全民健身背景下，体育公园的意义已超越简单的竞技比赛，要承担更多的群众性体育活动，提供优质运动条件，促进群众体育事业的发展，成为城市中重要的群体健身活动场所。③提高公园绿地 500m 服务半径覆盖率。按照市民出行 500m 见公园绿地的要求，结合城乡环境整治、城中村改造、城乡统筹建设，加大社区公园、小游园、口袋公园的规划建设力度，根据公园的规模和特点，安排一项或几项运动健身项目，满足公众就近使用的需要。④充分利用郊野公园、城市森林公园及平原造林地块空间较大的特点，设置网球场、足球场、篮球场等对于场地要求较高的全民健身场地，同时配合设置健身步道、骑行环路、小型健身设施等，形成综合性、多样性、受众面大的全民健身场地设施。⑤公园绿地健身设施的外观造型、器材种类要与公园绿地的绿色景观环境相融合、相协调。⑥对于适宜设置健身设施和场地的公园，为健身设施和场地服务的配套设施，如厕所、游客中心、餐饮等需要增加，因此公园的建设指标也需相应提高。

（3）分类施策，改造城市公园绿地内健身设施和场地

《城市绿地分类标准》CJJ/T 85—2017 中将公园绿地分为综合公园、社区公园、专类公园、游园四类。随着公园城市建设发展，绿道及滨水公园、郊野公园、森林公园等在全民健身中也越来越凸显其重要作用。不同类型公园绿地主要功能不同，其健身设施和场地建设改造的要求也需有所差异。

1）综合公园。其内容丰富、设施完善，承载着生态、文化、美化、游憩、防灾、避险等综合性功能，其服务面向全市甚至全国范围的游客，游人数量多，管理压力大。健身设施和场地的建设应在充分考虑和尊重公园规划设计的前提下，设置符合大众共享受益原则的健身场地和器材，比如健身广场、健康步道（图 2-18、图 2-19）。有条件的公园可利用自身山水资源优势提供登山、划船、滑冰等特色健身场地，配套相关的服务设施。不宜建设一些占用公共资源但受益人群少、维护成本高的小众体育场地，对已经建设的这类健身场地应进行调整，引导参与者进入专业场馆，如地掷球、草地滚球、小型高尔夫球练习场等。

2）社区公园、游园。其主要服务对象是附近居民，具有小范围、近距

图 2-18 公园中的健身器材　　图 2-19 滨水公园中的
健身步道

离、可达性的优势，既可提供游人休闲和游览的公共开放空间，又承载着提供"15 分钟健身圈"的重要功能。应充分挖掘其潜在空间，合理规划空间，增设健身场地和小型健身器材。

3）专类公园。其具有特定内容或形式，不宜过分强调其健身功能。其中，历史名园、遗址公园以及风景名胜公园是以历史文化、文物古迹、风景名胜为主形成的公园绿地，其主要功能是展现历史风貌，弘扬传统文化，为保存其完整风貌，应禁止健身器材进入。对于国家级历史名园、遗址公园和风景名胜公园中已建成的健身场地和器材应逐步拆除腾退。动物园、植物园、游乐公园、儿童公园、雕塑公园、盆景公园、纪念性公园等专类公园原则上不宜设置健身场地和健身器材，如游客需求强烈的，可因地制宜，在不影响公园主题的前提下，选择游客较少的区域小规模设置小型健身器材。

4）绿道。其通过连接公园、自然保护区、风景名胜区、历史文化遗迹和城乡居住区等，为人们提供休闲健身的绿色空间，承载着生态保护、风景展示、历史文化保护、绿色交通及休闲健身等功能。绿道健身活动以步行、骑行为主，根据实际情况可设置轮滑步道和场地，驿站可增设少量小型健身器材。

5）滨水公园、郊野公园、森林公园。其多位于城市边缘或近郊区大面积的自然景观区域，它们以独有的资源和地理优势满足城市居民回归自然、认识自然和放松身心、缓解压力的愿望。这类公园空间较大，游客量不集中，可以合理规划徒步、骑行运动健身设施，郊野公园可以建设网球、足球、高尔夫球、马术等大型运动场地和健身设施，既能满足体育运动爱好者进行体育锻炼，又能吸引游园客流。

4. 加强部门联动，优化管理模式

为保证公园绿地内的健身设施和场地服务市民的效果，城市公园绿地管理者需保障场地设施安全，全面优化管理，创建良好的健身环境。体育部门与公园绿地管理部门应建立有效的联动管理和服务机制，确保体育设施完好、健身器械安全。如公园绿地内体育部门安装的健身器材应设全生命周期的保养维护服务，使用期内定期进行检修并及时响应公园绿地管理部门的报修，提供专业维护和维修；公园绿地管理部门负责使用者引导、管理及故障反馈等；双方共同承担维护、检修费用或由政府设立财政专项经费予以保障。

5. 创建激励机制，完善保障体系

建立多元化资金支持机制，推动落实财税等各项优惠政策，鼓励有条件的公园绿地因地制宜提升、建设健身场地和设施。鼓励企业参与运营和管理公园绿地内的健身场馆，并给予相应优惠政策，保证价格惠民、专业管理，为市民创建良好的健身环境。加强人才队伍建设，规范健身场地和设施管理，提供专业健身指导，保障健身行为安全。

2.3.7 视觉识别系统构建

很多城市公园都有自己的商标或徽标（LOGO），但普遍对视觉识别系统构建重视不够，使得公园在对外传播和树立形象上缺乏系统性、整体性和一致性。城市中一些有影响力、规模较大的公园应构建自身特有的视觉识别系统，有利于公园品牌形象的树立。

1. 视觉识别系统

视觉识别系统（Visual Identity，简称 VI）是通过设计形成整体、统一的视觉符号进行视觉传达，将组织的理念、文化特质、服务内容等抽象语义转换为具体符号，塑造出独特的组织形象。视觉识别系统分为基本要素系统和应用要素系统两方面。基本要素系统主要包括名称、标志、标准字、标准色等。应用要素系统主要包括办公事务用品、生产设备、建筑环境、产品包装、广告媒体、交通工具、衣着制服、旗帜、招牌、标识牌、橱窗、陈列展示等。

2. 对构建视觉识别系统的认识

公园需要构建高度统一的视觉识别系统，在线上自媒体、线下推广、标识、标牌、门票、导览手册、地图等各类媒介上应用，建立公园独特的品牌形象，促进游客、公众对公园的关注、认同，帮助他们与公园建立起认知联系，更好地感知公园的价值，了解公园的使命与责任。

公园的标志，要做到小而易识别，能灵活应用于线上线下不同媒介；大而不疏旷，能应用于大型空间场域中。世界上一些著名的公园，如纽约中央公园、迪士尼主题公园等，其标志设计通常只用1~2个元素，设计美观、简洁，直截了当传递出园区的"卖点"，从而吸引游客。从营销美学的角度来看，与文字相比，图形更醒目，能快速并长时间被记住。

标志设计时，使用较少的色彩能够更加直接地突出公园的主题，简洁明了，直达人心。使用多种色彩主要目的是体现园区内事物的多样性或是凸显公园的活力。标志在选色上应考虑公园所表达的主题、自身理念以及公园的环境。

公园的标准字体应简洁、清晰、易识别，可在各种复杂应用环境中都拥有较高的识别性，同时能适用于各类印刷品，例如期刊、海报、宣传手册、折页、门票、名片等。要考虑字体与标志在组合时的协调统一，字体的运用不能与标志风格相脱离，更不能冲突，力图在视觉上向大众准确传达公园的内涵或特征等相关信息。

世界范围内的公园，在视觉识别系统构建上最成功的案例当属迪士尼主题公园。它的成功除自身经营模式与营销策略外，离不开对视觉识别系统的构建和应用。迪士尼对员工的制服进行了统一，以增强员工对企业的归属感。对交通运输工具、门票、导视牌等载体上的图案进行系统设计，如用导视牌上有差异但成系列设计的卡通图案来区分不同区域的特定主题；通过门票的设计让参观者明显感受"共同营造欢乐"这一公园经营的核心理念；活泼可爱的卡通形象让所有人都能感受到幸福。当然，迪士尼主题公园构建视觉识别系统很大程度上是为其营销服务的，那么作为公益性质的公园有必要构建视觉识别系统吗？答案是肯定的。实际上公益性公园也需要营销，营销的目的是使公园这一公共产品为更多人使用，以达到使政府的投入产生更多社会效益的目的。

综上，视觉识别系统构建需要把握两个原则：一是设计的统一性。保持风格的一致，具体体现在颜色、图形及其他艺术表现手法等，前后协调，给游客以专业、唯一的印象。二是设计需化繁为简。在对设计内容进行元素提炼的过程中，尽量做到体现文化内涵的同时，最大化地简洁、美观，符合人们审美需求，易被识别。

3. 公园和风景名胜区视觉识别系统构建实例

北京园林绿化行政主管部门曾组织构建了北京公园和风景名胜区视觉识别系统，并在网站、微博、微信、地图书籍等出版物及大型活动海报、导视牌、工作证、信纸信封、文件夹等载体上应用，树立了北京公园和风景名胜区整体形象，形成了品牌效应，扩大了知名度和影响力。北京公园和风景名胜区视觉识别系统内容很多，以下只节选部分示意（图2-20~图2-27）。

（1）标志规范

图 2-20　标志规范

（2）标准字规范

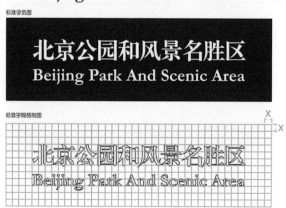

图 2-21　标准字规范

（3）组合标志规范

彩色稿

黑白稿

反色稿

图 2-22 组合标志规范

（4）色彩规范

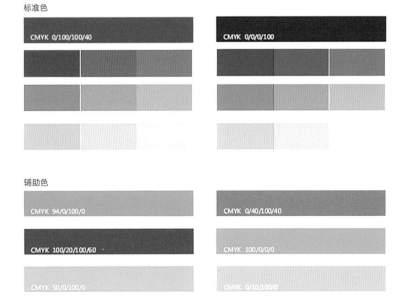

图 2-23 色彩规范

（5）辅助图形

图 2-24　辅助图形

（6）信纸

图 2-25　信纸

（7）PPT 模板

图 2-26　PPT 模板

（8）户外广告牌

图 2-27　户外广告牌示意

2.3.8 标识系统完善

公园标识系统是传递公园信息的服务系统，承载着公园的使用功能、服务功能及游览信息，是公园不可或缺的配套设施，需要随着公园的运行管理不断完善（图2-28~图2-33）。

1.《公园设计规范》GB 51192—2016对公园标识系统设置的规定

（1）应根据公园的内容和环境特点确定标识的类型和数量；

（2）在公园的主要出入口，应设置公园平面示意图及信息板；

（3）在公园内道路主要出入口和多个道路交叉处，应设置道路导向标志；如公园内道路长距离无路口或交叉口，宜沿路设置位置标志和导向标志，最大间距不宜大于150m；

图2-28 上海徐家汇公园总平面图　　图2-29 北京世博园　　图2-30 国家植物园
　　　　　　　　　　　　　　　　　　　　说明标识　　　　　　　导向标识

图2-31 北京动物园　　图2-32 北京香山公园植物说明标识　　图2-33 深圳香蜜公园
临时导向标识　　　　　　　　　　　　　　　　　　　　　　临时说明标识

（4）在公园主要景点、游客服务中心和各类公共设施周边，宜设置位置标志；

（5）景点附近可设科普或文化内容解说信息板；

（6）在公园内无障碍设施周边，应设置无障碍标识；

（7）可能对人身安全造成影响的区域，应设置醒目的安全警示标志。

2. 公园标识系统按功能分类

（1）识别标识

识别标识又称为定位标识，是系统中最基础的部分。主要作用是提示功能节点位置，让游客在到达附近区域后可以快速确定准确位置。凡是以区别为目的的标识都属于识别标识。识别标识包括景点和景物标识、游览设施标识、特殊人群专用设施标识、服务设施标识。识别类标识一般由文字或图形 + 文字信息组成。

（2）空间标识

空间标识是提供全面指导性信息的索引。空间标识通过地图展示整个公园的空间构成和功能节点分布，方便人们掌握公园整体信息，进行自我定位、规划游览路线。空间标识一般由图形和文字信息组成。

（3）导向标识

导向标识是为游客提供方向指引，形成有序的游览流线，合理引导客流的导览标识，是景区标识系统中最核心的部分。导向标识一般包含近距离目标导向和远距离目标提示。导向标识包括交通标识、景区内游览标识、安全通道标识等。导向标识一般由箭头、图形和文字信息组成。

（4）说明标识

说明标识是景区自导式解说系统的重要组成部分，承担景点、景物说明，设施使用说明以及科普教育的内容等。说明标识一般由文字信息单独形成或由图形 + 文字信息组成。

（5）管理标识

管理标识是保障景区安全、顺利运行的辅助标识，通过信息提示规范游客行为。管理标识包括安全警示标识、行为规范标识、景区边界标识、景区管理说明标识等。管理标识系统一般由图形和文字信息组成。

（6）景区形象信息系统

景区形象信息系统是标识系统中特殊的组成部分。景区形象信息系统并不提供游览信息，而是向游客传递景区的整体形象信息。景区形象信息系统包括景区标识、景区宣传语、景区宣传图形。景区形象信息系统一般由文字和图形组成。

3. 公园标识系统按信息接收方式分类

（1）基于视觉的标识

视觉标识是指用文字和图形表现，依赖视觉传达信息的标识形式。相关研究表明，基于视觉的标识在认知度、醒目性、可读性等方面较其他感觉类型标识优越。在视觉标识应用中能使用通用图形的，应尽量少用或不用文字，图形信息传达得更加快捷和准确。

（2）基于听觉的标识

听觉标识是指用声音表现、依赖听觉传递信息的标识形式。通常情况下，听觉标识主要是为视觉障碍者服务的一种无障碍标识。这种标识也适合非视觉障碍人群，实际应用中常与视觉标识结合使用，起到强化信息的作用。比如公园中林地区域的防火标识，即有视觉标识，其既有禁止用火的牌示，通常也会有听觉标识，即感应式的警示广播。

（3）基于触觉的标识

基于触觉的标识往往是跟听觉标识结合使用，主要是针对视觉障碍者提供导向信息的一种标识，比如公园中设置的盲文牌示。

（4）基于嗅觉的标识

嗅觉标识是使用具有代表性的气味来表现、依赖嗅觉传递信息的一种标识形式。比如公园中针对视觉、听觉障碍者设置的芳香植物区。这类标识的使用在公园中比较少见，但也需要了解，必要时可以考虑使用，以提高为残障人士服务的水平。

4. 公园标识系统设置原则

（1）准确性。公园标识可以是图形、文字或图形+文字的形式。作为信息传递的中介，它承载的内容需准确，向游客传递正确的信息。

（2）与景观协调。公园标识从材料、造型、色彩、视觉传达等方面要充分考虑与公园景观的和谐统一。

2.4 商业经营

商业是公园的配套服务，商业服务提供不足或品质不高经常会受到游客的诟病。一方面公园商业要满足游客在公园"吃、喝、玩、乐"过程中的需求，另一方面公园商业也具有赋予公园生机与活力的作用。

公园商业首先是社会效益优先，但也需考虑经济效益，否则不可持续。公园商业的数量、规模应把握适度、恰当、与时俱进原则，要满足需求，但不能过度商业化。公园商业要始终定位于配套服务，不可喧宾夺主。

一些规模较大的城市综合公园、专类园都应编制公园商业规划，选择经营合适的业态，特别要注重商业空间的品质打造和提升。

2.4.1 商业规划

公园商业要进行顶层设计，也就是要有商业规划。商业规划是公园总体规划的一部分，应在公园总体规划的框架下从商业布局、数量、服务品质等方面对公园中的商业做出近、中、远期规划。

公园商业规划内容包括公园概况、游客流量、商业网点分析、规划限定条件、商业规划措施、商业管理措施、行动计划与投资估算等。

1. 公园概况

公园名称、类型、规模，公园在城市中的区位、历史沿革，公园的文化价值、历史价值、艺术价值、科学价值、社会价值、生态价值等。

2. 游客流量

公园年接待客流量、客流结构（包括性别结构、年龄结构、受教育程度、消费喜好等）、客流在时空上的分布、游客对公园商业服务的预期等。

3. 商业网点分析

建立评估标准，对公园现有商业网点的数量、布局及面积，商业建筑的属性、外观及内饰，商业业态、收银方式及销售情况，商品品质及与公园价值的联系，商业运营模式及服务人员状况，游客消费中的诉求、公园周边资源分析等内容进行评估，查找问题。目前公园商业网点大多存在的问题：商业网点布局不均衡、点位选择不合理、餐饮提供不足、业态同质化突出、商品与公园价值阐释脱节（缺乏社会影响力和记忆点）、商品价格偏高且更替不及时、游客需求差异考虑不足、缺乏统一标识和外文标识等。

4. 规划限定条件

一是要遵守上位规划，即公园总体规划的要求，如公园属于文保单位，还需遵守公园文物保护规划。二是公园商业用地宜遵守《公园设计规范》对商业设施设置的要求。三是遵守住房和城乡建设部 2016 年印发的《城市公园配套服务项目经营管理暂行办法》以及各地方相关公园法规标准及政策文件。

5. 商业规划措施

制定规划调整策略、商业结构调整策略、商业布局调整措施、商业业态调整措施、商品调整措施。

（1）制定规划调整策略

助力公园价值阐释，处理好公园游览与商业服务的关系，依规并结合实际完善商业布局，在网点数量、人均消费、特色商业、活动商业、单位面积产出等方面制定近、中、远期愿景及目标。

（2）商业结构调整策略

根据公园自身特点、游客特征、商业网点存在的问题，在限定条件下，整体、系统地打造公园商业空间结构。

（3）商业布局调整措施

按照公园旺季日平均游客接待量、游客流线，规划近、中、远期公园商业的数量、点位、面积、业态。游客高峰季节、时段，固定商业满足不了游客需求的，可规划一部分临时商业予以补充。为减少人力成本，公园可充分利用现代科技手段规划自动售卖机点位、无人可移动售货车或无人商店。为安全、有效提供餐饮服务，降低仓储、运输成本，尽可能充分利用冷链配送，减少公园内食品制作环节，公园内餐饮应以简单制作、加热预制品为主要方式。

（4）商业业态调整措施

公园商业业态应以游客为中心，随着游客需求的变化而不断优化，因此业态调整是一个动态调整的过程，在规划中应明确近期商业业态，对中远期业态确定因需调整原则。

（5）商品调整措施

培育公园特色IP，寻求与优势商业资源的合作，打造有公园文化特色的商品，逐步改变公园商品的同质化，使公园商品具有辨识度和附加值。商品定价要符合市场规律和公众心理预期，要进行成本核算，制定定价策略，不能无端抬高价格，追求超额利润。

6. 商业管理措施

明确公园商业管理机构、运行管理模式、管理工作流程、管理规范标准、相关工作人员行为规范等。建立检查考核机制，不断优化管理服务。重视商标注册，开展视觉系统设计，树立公园商业品牌形象，加强品牌保护。

7. 行动计划与投资估算

制定近、中、远期规划的实施重点，明确目标、任务、投资估算及完成时限。

2.4.2　业态选择

不同类型、规模及特点的公园，在商业业态的选择上没有一定之规，原则上是因需选择（图 2-34、图 2-35）。

图 2-34　北京动物园熊猫旗舰店

图 2-35　深圳湾公园书吧

1. 业态种类

目前公园商业业态一般包括但不限于：餐饮点、小卖店、文创店、游船、游艺、阅读空间、索道、电瓶车、冰雪场等收费项目。

（1）餐饮点

游客在公园中可就餐的店面为餐饮点，多为简餐，一般安排一定数量的堂食，有条件的公园也可在店外围合一定区域用于游客就餐。

（2）小卖店

小卖店是在公园游览游线的重要节点设置的为游客提供冰品、饮料、小食品、旅游用品等的小型商业店面、商亭或临时性摊位。一般面积不大，游客不可进入。

（3）文创店

文创店为集中售卖依托公园文化开发的创意产品的商店，游客可进入，自主选择，柜台缴费。

（4）游船

有一定规模水面，水质达到相关规定的公园一般设有游船项目。游船数量、型号、安全性能须经海事部门依据相关标准和规定核准。

（5）游艺

有些公园中安排有主要供青少年、儿童参与的游艺项目。公园游艺项目多为小型、环保、无动力或轻动力的项目，极个别规模较大的公园在一定区域设置中、大型游艺项目。

（6）阅读空间

阅读空间是近年来城市公园中出现的新业态，致力于打造沉浸式阅读体验的空间，实际就是新型书店。店内可购书，也可现场阅读，店内一般提供咖啡、茶饮以及茶点等小食品，有的也会有与阅读相关的文创商品。

（7）索道

有些山地公园设有索道项目，为游客提供游览便利，同时也用于山地突发事件的快速应急处置。

（8）电瓶车

一般面积较大的公园会安排电瓶车项目，便于游客游览公园中的各景区景点时不至于过度疲劳影响游览体验。

（9）冰雪场

有些北方地区有水面的城市公园在冬季会开辟冰场或雪场，供游客参与冬季冰雪活动，特别是在北京筹办、举办 2022 年冬奥会的大背景下，冰雪运动在中国迅速普及，游客到公园参与冰雪活动的热情逐年高涨。

2. 业态管理

公园商业业态的管理应有统一要求：

（1）商业项目的外观应与公园景观协调。公园是以景观环境优美取胜的，因此商业店面、游船、游艺、索道、冰雪场等在公园环境中可视外立面的形式、色彩、材质、尺度等均应与其周边环境相协调。

（2）统一进货、统一收银。为便于管理，堵塞漏洞，避免廉政风险，公园商业宜采取统一进货、统一标价、统一收银。

（3）优先选择自营或联营模式。一般公园的商业运营模式有自营、联营、授权经营三种。有条件的公园，鼓励自营和联营。如采取联营或授权经营，应依据相关规定，采取公开、公正、透明的方式引进合作企业。

（4）重视商业数据的统计分析。通过对商业数据的采集、统计和分析、研判，查找问题，动态调整商业业态和商品结构，使公园商业服务更贴近游客需求。

2.4.3　空间提升

空间提升主要是针对公园商业店面改造提出的要求。很多城市公园的商业店面因投入不足，大多维护不到位，设施设备不配套，一店一样、缺乏设计感、颜值不高，游客购物体验不好，有些还存有安全隐患，因此需要改造提升。

1. 路径

（1）建筑及设施维修。首先需要对店面的建筑及水电气暖等设施进行评估，如存在安全隐患和管理使用不经济、不方便的问题，要进行有针对性的维修、维护，确保安全和利于使用。

（2）店面设计。根据商业规划对该店面的业态定位，在符合相关规定并与周围景观协调情况下，对建筑外立面适度改造装饰，店面内进行合理功能分区，确定主色调、装修装饰风格等。

（3）店面间的呼应和协调。公园商业店面看似是一个个的存在，实际上是公园商业网络上的一个个节点，因此高品质的公园商业不是一个个的商业孤岛，而应按照系统性、整体性、协调性去打造，相互呼应、彼此关联。在风格、色调上既追求共有元素形成连接，又强调个性，讲究颜值，打造"一店一品"。

2. 实例

（1）北京动物园"金三角商店"改造为"鹈鹕商店"（图2-36、图2-37）

（2）北京陶然亭公园"东码头商店"改造为"陶花园文创店"（图2-38、图2-39）

（3）天坛公园"七星阁商亭"改造为"天坛福饮店"（图2-40、图2-41）

（4）颐和园"知春亭快餐厅"改造为"知春亭茶饮店"（图2-42、图2-43）

图 2-36　改造前为金三角商店　　　　图 2-37　改造后为鹈鹕商店

图 2-38　改造前为东码头商店　　　　图 2-39　改造后为陶花园文创店

图 2-40　改造前为七星阁商亭　　　　图 2-41　改造后为天坛福饮店

图 2-42　改造前为知春亭快餐厅　　　　图 2-43　改造后为知春亭茶饮店

2.4.4　游船运营

公园游船（图 2-44）按以下要求进行运营管理：

（1）公园内所用船只每年春季下水运营前应完备地方海事等主管部门验收批准手续。使用前后应进行检查，发现问题及时维修或停止使用，严禁带故障运营。

（2）凡开展游船业务的水域，应设置游船专用码头，游船严禁在非码头停靠上下游客。

（3）在水深超过 1.5m 的地方应建立水深标尺及安全警示标志。

（4）应配置巡逻艇、救生艇（船），配备救护人员和水上救生器材，船只运营期间应进行水面巡逻。

（5）救生艇（船）驾驶员应持证上岗，穿救生衣，遇有突发情况及时救助。

（6）水上项目应为游客投安全保险。

（7）加强对现有汽油船管理，严禁明火，依相关规定应逐年淘汰汽油船。应加强电动船的充电设备和蓄电池管理，充电时要有专人值守。

（8）维修人员应熟悉船只情况，遵守操作规程，严守检修制度，确保船况良好。

图 2-44　北京玉渊潭公园游船

2.4.5　游乐设施运营

（1）公园内游乐设施的运营管理应符合《大型游乐设施安全规范》GB 8408—2018 的要求。游乐设施的安全和服务要求参照《游乐园（场）服务质量》GB/T 16767—2010 执行。

（2）游乐设施操作人员应经培训，合格后持证上岗，认真履行岗位职责。

（3）服务人员应向游客详细介绍游乐设施使用规则、操作方法及注意事项，并引导游客正确使用，同时维持好游客上下游乐设施的秩序。

（4）应明示各类游乐设施使用说明及收费标准。应注明适宜人群，儿童应在成人看护下使用游乐设施。服务人员有责任对游乐设施使用人群进行提醒和核对。

（5）每天运营前应对游乐设施进行安全检查，试运转无问题后方能正式运营。游乐设施及所在游乐场地应保持干净整洁。

（6）遇恶劣天气、设备设施发生故障或停电等情况，公园应及时采取应急措施或停止游乐设施的运营。

2.5　安全管理

2.5.1　安全生产

（1）公园的安全管理，坚持安全第一、预防为主、综合治理的方针。

（2）公园管理机构应当制定安全管理责任制以及教育培训、安全检查、奖励和惩罚、安全事故报告与处理、有较大危险隐患的重点部位、设备设施安全、危险作业、劳动防护用品配备等管理制度，并完善相关的操作规程。

（3）公园的法定代表人对本单位的安全管理工作全面负责。

（4）公园管理机构应依法设置安全管理部门或配备专兼职安全管理人员，定期召开安全工作会议，研究、部署公园的安全工作。

（5）公园应建立并完善安全隐患定期检查制度，安全检查应明确目的、要求和检查计划。

（6）公园管理机构应当依法对从业人员进行安全生产教育和培训，主要包括员工岗前安全教育、换岗人员安全教育、外来人员安全教育、日常全体员工安全教育等。特种作业人员应当按照国家有关规定，经专门的安全作业培训，取得特种作业操作资格证书，并持证上岗。未经安全生产教育和培训的从业人员，不得上岗作业。安全生产教育和培训情况应当记录，并至少保存两年。

（7）公园从业人员应配备符合国家标准或者行业标准的劳动防护用品。

（8）公园应当严格贯彻有关消防法规，建立群众性义务消防队。国家重点文物保护单位应当依照国家有关规定建立专职消防队，定期组织消防演习，合理配备消防设施、器材和消防水源，指定专人维护管理，定期检查、维修、保养，保证消防设施、器材、水源可正常有效使用，同时须保证消防通道始终畅通。

（9）公园安全管理部门应按有关规定建立专职治安保卫巡逻队，建立健全各项治安保卫制度；在重点时期和重点部位应加强巡逻力量，及时疏导游人，并做好处置突发治安事件的准备。

（10）公园管理机构应当确定最大日客流量及最大瞬时客流量，并据此进行客流管理。公园在遇有黄金周、节假日及大型活动等重点时期，应随时掌握入园（区）的客流量，景区、景点中的展馆、桥梁、狭窄路段等处人员过多或遇有紧急情况、突发事件时，要立即启动应急预案，采取临时关闭景区展馆、疏散游客等措施，并及时向有关部门报告。

（11）公园应当依据相关法律法规加强古树名木、文物、名胜古迹等公园内的自然遗产、文化遗产以及有关自然资源、文化资源的保护。

（12）公园建筑物、高大游乐设施、公园制高点等应当安装防雷设备，并在每年雷雨季节前进行检测维修，保证完好有效。

（13）公园应当建立安全用电制度，严禁违章用电，保证用电安全。

（14）公园要加强对锅炉、压力容器等特种设备的安全管理，建立健全特种设备安全管理制度。在特种设备监督管理部门注册登记，定期检验。未取得特种设备使用证的，不得投入运行。对存在安全隐患的特种设备，必须停止运行。公园使用特种设备的应建立特种设备安全技术档案。

（15）公园应加强有限空间作业安全管理，清理有限空间或在有限空间执行修理任务时，必须找专业队伍，明确安全生产管理责任，不得将工程发包给不具备安全生产条件的单位和个人。

（16）公园管理部门应当在游览危险地段采取必要措施保障游客安全。

（17）公园内的安全警示标志应当设置在明显位置，清晰易辨，便于从业人员和社会公众识别。非游泳区、非滑冰区、防火区、禁烟区等应当设置明显的禁止标志。应加强对各种安全标志的检查，发现有变形、破损或变色的，及时整修或更换。标牌、海报等的设置、张贴不允许遮挡安全标志。设有禁止标志的区域应派专人负责监管。

（18）园（区）进行绿化打药作业时，应严格按照专业技术规程执行。在游览区内打药，应避开游客游览高峰时段，并设立牌示提醒游客注意。员工在打药前应穿戴好专业防护用品，领取药剂；工作结束后应将空瓶及剩余药剂及时带回，剩余药剂退回药库，空瓶交专人妥善处理并及时清洗药机和药箱。

（19）进行绿化施工作业时，应严格按照专业技术规程执行。在对树木修剪、移栽或支撑时，应设安全防护绳和牌示进行隔挡和警示，设安全员负责作业安全，设专人疏导游客；在进行浇水作业，绿化用水井盖打开时，应设立安全警示标志、防护围挡或设专人看管。

（20）在公园开放时段进行维修、改造等作业施工的，公园管理机构应当与施工单位签订专门的安全生产管理协议，明确安全责任。施工区应当与游览区隔离，设置明显的施工标志，并采取措施，确保施工安全。

（21）举办大型活动的公园应严格执行《大型群众性活动安全管理条例》。大型活动的承办者至少应在活动举办前20日将相关材料报当地公安、消防部门审查批准。活动场所为文物保护单位的还应报文物保护部门审查批准。承办者为大型活动的安全责任人，对其承办活动的安全负责，制订并组织落实大型活动安全工作方案。

（22）公园内开办冰雪场，须经公安部门会同体育等有关部门审核批准。公园应制订专项安保方案，设专人负责安保工作。

（23）动物园管理机构应执行《城市动物园管理规定》，完善各项安全设施，加强安全管理，应备有卫生防疫、医疗救护、麻醉保定设施，定时进行防疫和消毒，确保游客、管理人员和动物的安全。

（24）有游乐设施的园（区）应建立健全安全责任制等各项规章制度，操作、维修人员应按照相关规定通过考核，持证上岗。

1）对游艺机械和游乐设施按照特种设备质量监督和安全监察的有关规定，进行安全运行检查并做好各项安全记录。

2）在每项游艺和游乐设施的入口处设置安全保护说明和警示，每次运行前对乘坐游人的安全防护加以检查确认，设施运行时注意游客动态，及时制止游客的不安全行为。

3）园（区）严禁使用未检修或者检验不合格的游艺器械和游乐设施。

（25）有游船经营的园（区），应建立工作人员的岗位责任制、安全操作规程、维修保养检查制度、运行记录等各项管理制度。

1）动力游船应每日进行运行前的安全检查，检查一般包括发动机的运转状况，电瓶和电动机工作状况，油、水充填状况，船体外观状况，座椅和安全防护设施状况，紧急救护设备、消防器材状况，传动部分与制动部分状况，喇叭、转向及通信联络状况等。

2）应认真详细填报动力游船每日运营日志、安全检查记录等。

3）凡参加运营船只，应在船体打印编号、乘员定额等标志，在码头明示游人须知，加强对游客乘船的安全宣传，严格核定乘船人员数量，不准许出现超乘情况。

4）严格遵守行驶制度，专人负责了解天气预报，按照允许的风力级别开展游船运营。

5）设置专用巡逻救护船只，随时巡逻，遇突发情况及时采取措施处置。

6）严格执行防火制度，动力船应备有灭火器材，并保证其完好有效。

（26）公园管理机构应当将园（区）内的租赁、承包、联营单位纳入本园（区）安全管理范围，与其签订安全协议。

1）租赁、承包、联营单位使用的电气设备、燃气设备，应到园（区）安全管理部门报备，待检查合格后方可使用。

2）租赁、承包、联营单位的人员应遵守园（区）内的各项规定，不得私自留宿客人，特殊情况应向园（区）安全管理部门报告。

3）租赁、承包、联营单位应配合园（区）有关部门的检查，对检查发现的问题、隐患，应按有关规定和要求及时整改。

（27）公园管理机构要加强对辖区内古建筑的消防安全管理。

1）古建筑的管理、使用单位，必须对一切火源、电源、各种易燃易爆物品等实施严格管理。禁止在古建筑保护范围内堆存柴草、木料等易燃可燃物品。严禁将煤气、液化石油气等引入古建筑内。

2）禁止将古建筑作为旅店、食堂、招待所或职工宿舍。禁止在古建筑内进行生产、生活用火。

3）在重点要害场所，应设置"禁止烟火"的明显标志。指定为宗教活动场所的古建筑，如要点灯、烧纸、焚香时，必须在配有消防设施、设备的指定地点，并派专人看管或采取值班巡查等措施。

4）在古建筑内安装电灯和其他电气设备，必须经文物行政管理部门和公安消防部门批准，并严格执行电气安全技术规程。

5）凡与古建筑毗连的其他房屋，应有防火分隔墙或开辟消防通道。古建筑保护区的通道、出入口必须保持畅通，不得堵塞和侵占。

6）古建筑需要修缮时，应由古建筑的管理使用单位与施工单位共同制订消防安全措施，严格管理制度，明确责任，并报上级管理部门和当地公安机关审批后，才能开工。在修缮过程中，应有防火人员值班巡逻检查，遇有情况及时处理。

（28）文物展出场所以及文物库房应具备防火、防盗、防潮、防虫、防灾、防震等设备和措施。严禁堆放易燃、易爆及其他有碍文物安全的物品。

（29）有林区的公园管理机构应当制定林区防火管理办法。重点部位应当设置明显的禁烟禁火标志，并设专人管理。

（30）公园管理机构应建立健全各项应急救援预案，每年进行演练不得少于一次。有关责任人和职工应掌握预案内容，履行预案规定的岗位职责。

（31）公园中的园林建筑内部均应按规定设置中、英文安全逃生路线图，配备消防设施。

（32）公园应当设置应急广播系统，并且能够使用中、英文两种语言播放。园（区）主要负责人应熟练使用应急广播和指挥系统，并掌握应急救援预案的全部内容；园（区）从业人员应当熟悉安全出口和疏散通道的位置，熟悉并履行本岗位的应急救援职责。

（33）公园发生安全事故，事故现场有关人员应立即报告园（区）值班室或安保部门，并说明事故发生的地点、性质及程度。当时在园（区）的最高领导为处置突发事件的总指挥，在接到报告后应立即启动本园（区）的应急预案，立即调度机动队伍，携带相应工具、器材第一时间到达现场，立即处置，同时如必要可指派园（区）安保部门组织第二批处置力量赶赴现场。园（区）的领导在指挥处置突发事件的同时应立即将相关情况如实报告安全生产监督管理部门和上级主管部门，对事故情况不得隐瞒不报、谎报，或者拖延不报。

2.5.2　节假日运行保障

各级公园管理机构均高度重视元旦、春节、清明、五一、端午、中秋、国庆等传统节假日工作。节假日期间，城市公园在迎来客流高峰的同时，在管理、服务、安全方面也最容易出现问题。这就需要有完善的节假日工作机制保障。

节假日工作机制一般分为节假日前部署、节假日中监控、节假日后总结三个阶段。

1. 节假日前工作

（1）工作内容

1）针对具体节假日应开展公众服务需求调查。

2）组织策划节假日文化活动。近年来各地特别重视中国传统节假日文化活动的打造，比如春节、清明、端午、中秋等，让国人通过参加传统节假日文化活动，深度了解中国文化，继承中国传统，建立文化自信。

3）通过报纸、电台、电视台以及新媒体对节假日期间的活动进行统一宣传，吸引市民游客到公园参加体验活动。

4）结合不同节假日的特点对节假日期间的工作进行全面部署，包括安全、管理、服务、经营、值班值守以及突发情况的处置等。

5）开展全面的检查，排查隐患。

（2）形成的材料

1）公众服务需求调查问卷及调查结果。

2）节假日公园文化活动统计表。

3）节假日公园文化活动新闻宣传通稿。

4）针对节假日服务保障下发的通知。

5）往年同一节假日游客量。

6）确认节假日期间各单位（部门）联系人及联系方式。

7）节假日期间报送材料的模板。

8）测试并确认节假日期间所使用的情况报送系统运行正常。

2. 节假日中工作

（1）工作内容

1）全面监控节假日期间公园的运行情况，包括客流量、出现的问题及解决情况。

2）加强节假日活动的宣传，引导客流，削峰填谷。

3）对每天公园的运行情况进行小结。

（2）形成的材料

1）当天公园运行情况小结（含与往年同期的对比分析）。

2）当天新闻通稿。

3. 节假日后工作

（1）工作内容

一般在节假日的最后一天下午或节假日后的第一天，全面总结节假日的运行情况。包括客流量与往年同期的对比，将节假日工作的重点亮点进行梳理，特别重视节假日期间出现的问题及解决。通过总结，为下一个节假日以及来年同一个节假日的工作提供参考。

（2）形成的材料

1）节假日期间公园整体运行情况的总结（含与往年同期的对比分析）。

2）节假日期间公园对社会公众服务情况。

从以上各阶段形成的材料看，节假日前准备的工作量是最大的，节假日前准备是公园节假日运行的基础，充分体现出"预则立不预则废"的道理。

一般来说，节假日工作是带有强周期特点的，也就是说，每个节假日都是一年一度的，不同年份会有一些差异，但大体上是类似的，所以建立工作机制就显得特别必要。每一个节假日工作都是在上一年度工作基础上，结合当年的特点，稍加调整就可定时启动，一来降低每次节假日准备工作的难度和工作量，工作精力可以更多聚焦在变动的事项上；二来有利于系统性思考和落实节假日工作，让每一个节假日的工作不断完善，形成一个小系统。一年中的所有节假日的工作串起来就组成了一套完整的节假日工作的大系统，这样一来，提高了工作的前瞻性和预测预警能力，对有可能出现的问题提前加强防范，从而减小了出问题的概率，即便出现问题也能够快速聚焦处理。

2.5.3 自然灾害应对

由于全球性气候变化和地壳运动，暴风、暴雨、暴雪以及地震等自然灾害愈加频繁发生，对人的生命和财产安全造成巨大威胁。2008 年 1 月中国南方雪灾、2008 年 5·12 汶川地震、2012 年 7·21 北京特大暴雨、2021 年 7·20 郑州特大暴雨等自然灾害造成了重大的人员伤亡和财产损失。

公园作为公共场所，其管理者应当具有高度的责任感和使命感，提前做好灾害的应对准备。那么如何应对自然灾害？笔者认为需要从防灾、救灾、灾后重建、能力建设等方面做出系统安排，目的是提高公园防御和应对突发自然灾害的能力，保护广大人民群众生命及公共财产安全，最大限度减轻灾害损失，顺利开展灾后重建及防灾教育工作。

1. 总原则

（1）居安思危、预防为主。合理的预防措施能有效减少灾害损失。公园管理机构应重视平时防灾工作和防灾教育，建立突发事件应对机制，明确责任人，定期排查风险及安全隐患，及时采取措施。

（2）以人为本、减少危害。救灾中应本着"救人第一、保物第二"的原则，在确保游人、工作人员生命安全的前提下，尽可能降低财产损失和对自然生态的破坏。

（3）合理布局、平灾结合。根据公园基本情况及所在区域经济条件，合理配置防灾减灾设施，以达到平时和灾时资源利用效率最大化。

（4）降低成本、优化效益。各公园应加强沟通与协调，在救灾设施、人力资源、管理经验等方面建立交流机制，从而增强防灾救灾能力，提升灾害应对水平。

（5）管理单位组织、社会共同参与。在各级政府统一指挥下，各公园管理机构应发挥组织协调作用，积极引导和组织社会力量以多种方式参与防灾减灾项目的规划、管理、实施、评估等工作，参与防灾减灾行动。

2. 灾前预防

（1）建立工作机制

1）建立应急响应机制。在城市应急指挥部门发布自然灾害预警信息后，公园应立即响应，进入应急状态，依据预警级别，启动本公园的突发公共事件应急处置预案，履行相应职责。

2）建立防灾救灾工作组。公园应组建防灾救灾工作组，以便与城市应急部门、属地应急部门及各专项指挥部对接，同时向下传达预警和相关救灾信息，并按照规定开展必要的防灾救灾工作。

3）制订应急预案。公园应制订针对不同类型、不同级别灾害的应急预案。

（2）落实防灾措施

1）开展灾害风险排查。制定公园风险管理办法，定期对潜在风险进行排查，必要时聘请专业人员提供协助，风险排查结果应及时通报并存档。

2）采取必要的预防措施。根据风险排查结果，结合公园实际情况，组织实施必要的预防工程与应对措施。

3）维护预警系统。维护公园内的预警系统，保持与城市预警中心的联系，及时接收预警信息。收到预警信息后，及时通过显示屏、广播系统、短信提示等信息平台进行传达。

4）设立防灾标志。在公园内的高风险场所，如灾害易发地段、游人量大的地段等，应设置规范的提示，包括告示、提示板、紧急疏散通道标志等，并定期检查和更新。标志的设置要符合相关规定。

5）应急物资储备。公园应配合相关部门定期组织应急物资储备需求调查，制定应急物资储备计划，开展应急物资的生产、储备、调拨、紧急配送、补充、更新和监管体系建设等工作。公园应针对易受灾害类型，依照城市应急部门、各属地应急部门及各专项指挥部的统一部署，配置本单位所需的防灾设施和救援设备，并定期检查和维护。

6）必要时购买保险。易遭受灾害的公园可考虑购买相关保险，以增加灾后重建的资金保障。

3. 灾害应对

公园在应对灾害时，须在城市应急部门、各属地应急部门及各专项指挥部或现场指挥部的统一领导和指挥下，做好各方面工作。

（1）在上级指挥单位到达之前，指挥救援工作

根据"谁先到达谁指挥、逐步移交指挥权"的原则，在突发性灾害发生后，在上级指挥单位到达之前，公园管理机构负责人应立即指挥开展自我救援及配合救援工作，包括抢险救灾、救援生命、安置伤员、财产保护、疏散导引、资源调度、水电保障、通信保障、食物保障、救援组织联络协调、公众动员、档案管理等。

灾害发生时，防灾救灾工作组的安全负责人及时组织对公园内的游客进行疏导，防止出现人员伤亡。对于因疏散需要停留在公园的人员，须及时采取保护措施，防止次生伤害。

在城市应急部门、各属地应急部门、各专项指挥部、现场指挥部的指挥调度下，或者在管理机构负责人确认的必要时段，及时关闭公园。

（2）在上级指挥单位到达之后，配合开展救援工作

在城市应急部门、各属地应急部门、各专项指挥部或现场指挥部到达

之后，在上级指挥单位的统一指挥和领导下，按照防灾救灾工作组的责任分工，组织各个团队继续配合开展相关救援工作。

配合交通部门的限行、封路、交通管控等措施，对需要出入公园的紧急救灾车辆和急救车辆给予通行权。

公园管理机构应根据"分级救治"原则，在必要时配合卫健部门开展现场抢救、院前急救、专科治疗几个阶段的救护工作。配合卫健部门组织医疗救护队伍进入救灾现场，对伤员进行救治，提供必要的救援场地；配合采取有效措施防止和控制灾区传染病的暴发流行；配合及时检查、监测灾区的食品、饮用水源、放射源的安全情况。配合商务、药监等部门组织向灾区提供所需药品、医疗器械和有关救灾物资。

及时汇报及传达信息。应及时收集、分析、汇总公园内的相关灾情和救灾信息，按照早发现、早处置、早报告的原则，向上级指挥部门汇报；重大级别以上灾情须按规定及时上报，并在 2 小时之内上报详细信息。通信负责人应按照上级的指示向公众传达灾情相关信息。应急预案启动期间，应确保应急值班体系的正常运转，确保 24 小时值守。

（3）正确处理公共关系

在城市应急部门、各属地应急部门及各专项指挥部或现场指挥部的统一指挥和领导下，防灾救灾工作组的公共关系负责人负责组织广播通知、张贴告示，协助组织志愿者队伍参加救援行动，协助协调救援组织的活动，妥善应对媒体。

（4）及时记录救灾情况

在城市应急部门、各属地应急部门及各专项指挥部或现场指挥部的统一指挥和领导下，防灾救灾工作组的公共关系负责人按照应急预案的规定，对公园内灾害信息和救灾情况进行记录，并及时存档。应按照制定的档案管理办法开展后续档案管理工作。

4. 灾后重建

（1）灾后重建原则

灾后重建应遵循公开评估、规划优先，确保重建过程环保、安全、可持续，以及鼓励公众参与的原则。

（2）灾后评估

灾害结束后，公园应配合相关部门对灾害损伤情况进行全面的统计和评估，包括人员、设施、建（构）筑物、植被、动物的受损范围和程度。

配合评估报告的公示和存档工作。

（3）灾后重建规划

根据受灾情况和灾后评估结果，在园林绿化行政主管部门的领导下组织制定灾后重建规划，内容包括公园受损生态恢复、资源保护、安全游览、旅游与管理服务设施、道路交通、基础工程设施、次生地质灾害的预防等方面。灾后重建规划要充分考虑未来对灾害的预防和应对能力，尽量实现资源回收利用的最优化。

（4）灾后重建实施

依照批准的灾后重建方案，落实重建资金，有序开展灾后重建工作。灾后重建应遵循环境保护和资源节约的原则，最大限度回收和利用灾害废弃物。

（5）受灾档案管理

公园应及时组织人员收集整理灾害信息及档案，明确信息收集责任人、收集机制、收集范围。档案整理后安全保存。

5. 防灾教育

（1）目标

通过对公园全体工作人员及居民提供全面的防灾教育，提高民众的防灾意识，增强其正确应对灾害的能力。

（2）原则

广泛覆盖与重点培养相结合原则：对公园游客及附近居民提供日常防灾教育，对老年居民开展重点宣传和教育，对公园工作人员开展专业培训。集中培训与日常宣教相结合原则：集中培训包括结合防灾日等举办宣传教育或演练活动；日常宣教包括设置防灾疏散标志、发放灾害应对宣传教育手册等。统筹原则：鼓励各公园共同策划、统筹开展培训活动，鼓励增进防灾能力建设的资源和信息共享。成本效益原则：鼓励利用自学、内部培训、跨公园跨景区合作等低成本高效益的方式开展能力建设。

（3）教育培训

一是专业培训。邀请救灾专业人员进公园，提供专业指导和培训。二是自我培训。组织员工通过教材、网络等渠道自学防灾救灾知识，开展自我培训。三是宣传教育。通过宣传册、海报、电视、广播、录像、演讲等渠道开展防灾教育。四是应急演练。通过模拟灾害发生的情况，向员工及游客提供应对紧急灾害的演练活动。

2.5.4 公共卫生事件应对

席卷全球的新冠肺炎疫情自 2020 年初暴发至 2023 年 1 月底流行期结束，整整 3 年时间。在此期间，我国坚持人民至上、生命至上，坚持外防输入、内防反弹、动态清零，因时因势调整防控措施，疫情防控取得重大战略成果。

公园作为公共场所，全国各地公园管理机构、管理者本着对公众生命安全和身体健康高度负责的态度，结合当地实际，坚定不移采取切实有效的措施，认真严谨做好防控工作。疫情流行期结束后，我们有必要系统梳理疫情期间公园防控工作的主要做法，为今后公园应对突发公共卫生事件提供参考和借鉴。以下以北京公园为例，梳理新冠肺炎疫情发生后城市公园的应对策略。

2020 年初新冠肺炎疫情暴发，很快在全国蔓延，有疫情的城市绝大部分实施了公园关闭措施，避免疫情传播。北京的公园面对突如其来的疫情，紧急研究调整了开放方式，在保证公园大环境开放前提下，果断采取暂停线下文化活动，关闭冰雪场及室内游览空间，撤销临时食品售卖点等紧急措施，除北京动物园全园关闭外，其他公园开放方式由全部开放状态转为部分有限开放状态，防止游客扎堆聚集所带来的疫情传播风险。当时既没有将所有公园一关了之，也没有完全原状开放，而是在充分考虑疫情防控的同时，开放公园室外大环境空间，为公众提供舒缓身心、锻炼健身的场所。在疫情防控转为常态化后，全国各地公园纷纷开园并保持开放状态。疫情来临，公园是关闭还是开放无关对错，也没有统一的标准，需要城市管理的决策者从疫情管控风险、城市运行、公众需求等多角度考量权衡后决定。

1. 新冠肺炎疫情下的城市公园应对

城市公园存在客流量大、易聚集，公共设施使用频率高、易交叉感染，室内游览空间多、需定时通风，游客来源区域广、潜在风险高等现实情况，这是公园疫情防控工作需要聚焦的重点也是难点。就新冠肺炎传播风险点而言，城市公园无论是在人员群体、活动场所还是管理服务方式上，都有其自身的特殊性，因此采用适合城市公园特点的防控措施非常必要。公园的疫情防控，一是始终坚决贯彻落实"人民至上、生命至上"的防控要求，二是关口前移，强调过程严控，注重细节，科学防范，追求防控实效。具体应对策略包括限流开放、综合防控、工作保障等。

（1）限流开放

根据新冠肺炎疫情响应级别的变化，动态调整城市公园开放方式，是提升防控效率，保证防控效果的有效做法。2020 年 1 月启动疫情防控一级响应，北京的市属公园率先提出按照日（瞬时）最大承载量的 30% 限流，在做好公园基本服务保障前提下，坚持大环境开放，关闭景点院落、室内游览空间、狭小空间等场所。

北京的公园在疫情期间始终坚持开放，开放的方式是随着疫情防控形势的需要，根据响应级别动态调整限流比例（图 2-45）。这种做法在我国城市公园开放运行历史上是首次，疫情期间也被其他省市先行关闭后又有序开放的公园借鉴。

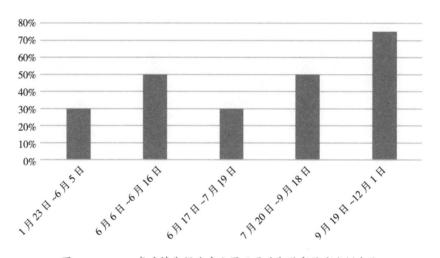

图 2-45 2020 年疫情期间北京公园不同时期游客限流比例变化

（2）综合防控

公园新冠肺炎疫情防控重点包括职工自身防护、游客安全防护、基本服务保障、卫生防疫措施等内容。

职工自身防护。建立公园职工（包括社会化人员）健康台账，监测每一名职工的健康状况，要求每日坚持测量体温，发现异常，及时就医，不带病上岗工作。根据疫情响应级别调整变化及防控需要，要求一线岗位人员佩戴口罩和一次性手套上岗，做好自身防护。所有职工按防控要求进行核酸检测。

　　游客安全防护。始终把游客安全放在首位，通过宣传挂图、电子屏幕、语音广播、网络媒体、温馨提示牌等多种形式，广泛开展疫情防控知识宣传普及，时刻提醒游客主动做好个人防护、科学佩戴口罩、测温、验码、不扎堆、不聚集等。强化游客疏导管控，全面评估公共场所疫情传播风险，采取重点区域设置"1m 线"、实施网格化巡查、重点提示、间隔开放健身器材、园中座椅以及堂食餐饮隔位就座等管控措施，疏导公园门区入口、游客中心、集散广场、道路节点、桥梁等部位及餐饮、游船等场所人员，避免局部游人过度集中；及时劝阻群体性活动人员，引导游客在公园游览时保持 1m 以上安全社交距离，避免扎堆聚集、近距离交流等有可能导致疫情传播的行为。

　　基本服务保障。一是实施入园预约限流。疫情期间公园分时段实名预约、分时段入园，均衡了游客时空分布，有效防止了收费公园黄牛倒票情况发生。门区设立综合窗口，在严格掌握限流标准前提下，努力解决已到公园门区未预约游客入园以及售票公园持现金购票的老人等群体的服务保障。二是提供免费服务。公园按照服务管理规范要求及疫情防控需要，坚持以人为本，在游客中心、游船码头、游艺区、冰雪场、堂食餐饮点等场所配备免洗手消毒液。有条件的还准备了一定数量的口罩，为未携戴口罩的游客服务。三是因需做好商业服务。根据疫情防控等级变化及游客流量情况，因需提供食品饮料等简餐窗口（或将柜台推至门口）售卖；动态调整堂食餐点、室内商业、游船（观览车）、游艺游乐等服务保障方式，或关闭或减量或按比例逐渐恢复等，满足游客游园中的基本需求，同时不因商业服务方式不当出现游客滞留和扎堆现象。

　　卫生防疫措施。一是游客体温监测，健康码及核酸检测查验。在各公园门区安装测温仪，对所有入园游客进行体温监测，同时查验健康码，在疫情形势趋紧的时期，根据城市疫情防控指挥部要求，公园门区增加查验48h 核酸，发现发热游客，黄、红健康码人员以及非 48h 核酸阴性人员，禁止入园，并按防疫部门要求及属地联动相关流程办理。各公园门区专门安排工作人员，帮助老人、少年儿童等没有智能手机或未安装支付宝、微信程序的游客代查健康码和核酸结果，真正做到"防控不漏一人"。二是公共设施消毒。制定公园疫情防控工作指导意见，严格落实清洁消毒措施，重点对游客中心、室内场馆、公共卫生间等游客经常出入场所以及栏杆、扶手、路椅、垃圾桶、游船、观览车、健身器材、游艺游乐设施等公共设施清洁消毒，并在相关区域的显眼位置张贴或悬挂当日已消毒告知牌。三是定时通风换气。室内空间空气流动性差，病菌容易驻足停留，进入室内空间游客感染风险大。公园室内展室展厅、活动场所、游客中心、公共卫生间等室内空间比较多，坚持每2h开窗、开门通风30min以上，以保证空气流通。四是设置隔离室（区）。在公园门区附近设置隔离室（区），配置一定数量的一次性口罩、一次性手套、消毒液、手持额温枪等防控物资，对发热游客进行体温复测，暂时在隔离室（区）隔离，等待医疗卫生部门接诊，其间防止与其他游客接触。五是设置"1m线"。在可能有游客近距离接触的场所，如购票窗口（综合服务窗口）、游客中心、入园刷卡验证验票、游船码头、安检等区域，设置游客排队"1m线"，提醒游客保持1m以上安全距离，防止近距离接触风险。六是非接触式支付。公园客流量大，游园群体构成复杂，售票、购物频率高，现金支付、刷卡支付等接触式支付可能引发新冠肺炎病毒传播，因此引导游客在购票、购物时优先使用微信、支付宝等非接触式支付十分必要。七是冷链食材监管。从国内确诊的新冠肺炎病例看，相关进口冷链食材是需要防范的重点风险源。须严格监督管理公园餐饮场所冷链食材，完善进出货台账，确保冷链食材来源清楚、去向明确、数量具体、可追溯可倒查。不采购不明来源或不符合要求的食品和食品原料。八是开展垃圾分类。坚持综合治理，把垃圾分类作为疫情防控的必要措施，同步要求，同步实施。按要求设置分类垃圾桶，加强广泛宣传引导，及时进行二次分拣，与具备资质的垃圾回收运输单位签订垃圾收运合同，切实做到生活垃圾分类投放、分类收集、分类运输、分类处理，保持干净整洁的园容环境。

（3）工作保障

在疫情防控期间，公园管理机构摸索出了一整套应对策略，其中一些工作措施发挥了重要作用。

一是制定工作标准规范。着眼公园疫情防控特点，研究制定公园防控工作要求及作业规范。例如2020年2月11日北京市公园管理中心下发了《北京市公园管理中心关于新冠病毒肺炎防控服务管理工作指导意见（第一版）》，涵盖上岗要求、作业指导、工作要求等方面内容。对公园门区、游客服务中心、卫生间、商业网点、公园服务设施、垃圾贮存清运等场所（部位）的管理以及职工自身防护、场所（设施）清洁消毒等提出明确工作标准和作业规范；强调防控下沉一线，统筹人力资源、防护资源，保公园开放、保一线服务；暂停开放各类室内场馆、狭小空间和堂食餐点，防止游人聚集；坚持全市一级响应未解除期间，园内禁止举办各类活动，封闭空间参观活动一律停止等，为北京市属公园有效防控新冠肺炎疫情发挥了极其重要的指导作用。后续随着全市疫情防控级别调整变化及复工复产、常态化防控等要求，及时对相关工作标准和作业规范进行更新修订，先后共发布六版指导意见，有力有效指导了公园疫情防控工作。

二是科学管控游客流量。游人规模控制是防止聚集、减少近距离接触的有效措施，因此需科学预测疫情期间游人容量，从而合理限制客流规模。根据疫情防控等级不同，北京的公园按日（瞬时）最大承载量的 30%、50%、75% 等不同比例控制游人容量。从公园限流比例及效果看，一级、二级应急响应级别期间，游客量控制在 30% 比较合适；三级、四级应急响应级别期间，按 50% 控制比较合适；根据复工达产及疫情防控要求，在严格做好常态化防控前提下，限流比例可提升至 75%。根据确定的游客容量采取必要的限流措施：采用预约方式引导游客错峰游览；及时公布游人管控信息，实时发布容量预警；利用现代科技手段，对游客在园内时间、空间上的分布进行监控，实施游客容量动态调整。

三是关心关爱职工。新冠肺炎疫情期间，特别是在疫情集中暴发的初期，公园坚持开放，一部分职工产生了紧张、恐惧心理。为有效防止负面情绪对疫情防控的不利影响，公园管理机构及时开展职工的心理疏导工作，并在疫情防控形势最严峻、最危险的时刻，各级干部、党员以身作则，冲在一线，极大地提振了干部职工战胜疫情的信心决心。

四是开展线上游览。疫情期间，公园创新游览形式，丰富游览内容，突出公园特色及优势资源，积极开展云上游园、线上科普、展览云讲解、文创直播销售、云端看展、云端演出等线上游园活动，丰富了疫情期间的公众生活。

五是防控物资准备。防控物资是开展疫情防控的基础和前提，没有防控物资或物资短缺直接影响防控任务是否能够完成，效果是否能够达到。疫情暴发初期，市场上医用口罩、一次性手套、消毒液、测温设备等防控物资供应十分紧张，各公园管理机构努力为职工寻找购买防控物资，精打细算，优先保障服务一线，度过了疫情防控最艰难的时期。这提示我们要居安思危，应将防疫物资作为应急物资储备，并常备常新，以应对突发的应急情况。

六是强化属地联动防控。公园疫情防控受上级主管单位及属地政府双重领导，公园加强了与属地卫生防疫、公安、交通等部门沟通协调，建立健全联动机制，相互通报防控情况，形成高效联动的指挥体系，在重要时间节点，属地相关部门还派人到公园值守，遇有情况能够快速高效处置。

七是适时检查督导。检查督导是保证疫情防控措施落到实处的重要举措。疫情防控各阶段均有明确的防控要求，现场检查督导尤为重要。通过检查，及时查找问题，研究改进措施，有效促进疫情防控措施的末端落实，有力保证疫情的防控效果。

2. 面向未来的城市公园疫情防控

三年的疫情防控工作实践，公园管理机构、管理人员积累了丰富的经验，从最初的茫然被动，到后来的充满信心、有条不紊，最终取得了疫情防控阻击战、攻坚战的胜利，有很多经验做法值得总结，以供未来我们有可能再次遇到相同或别样的疫情时能够快速进入战斗状态，有效应对。

1）加强防控能力建设

把握公园中卫生防疫工作的规律，无论是季节性的流行病还是突发的重大疫情，公园管理机构都应提前制定应对预案，细化防控措施，保证疫情防控效果。针对不同的疫病，做好相应物资储备。同时居安思危，提升风险预警预测能力，发现苗头征兆，及时启动防控预案。加强与属地卫生防疫、公安、交通等部门联系，建立快速高效的联动处置机制，确保遇有情况正确及时处置。

2）提高智能防控水平

新冠肺炎疫情加速了公园在预约限流、实名购票、人脸识别、智慧管理等方面的应用，催生了公园管理新思维、新理念，实现了公园管理方法手段新变革，解决了以往想解决能解决却推进缓慢的工作，比如实名制预约限流工作等。新技术广泛应用将是今后疫情防控的必然趋势和主要手段，应充分运用大数据、区块链、物联网及人工智能等技术推进防控管理，将游客体温监测、健康码查验、人员信息登记及实名购票验票等防控要求高度融合，做到中高风险人员运动轨迹可追溯可倒查，有效控制风险源，提升疫情防控精准度。

3）增强线上游园体验

开展线上云游直播，建立"线上云游＋线下体验"新的服务方式，分流游客流量，减少近距离接触，将是城市公园应对疫情影响的必要举措。

深度挖掘公园文化内容，充分利用 AR 虚拟旅行、VR 沉浸式赏景、网络看展等新方法、新手段，介绍公园景点，宣传公园文化，创新游览新模式，增强游客新体验。

4）引导游客游览行为

新冠肺炎疫情防控对游客科学佩戴口罩、配合测温验码、保持安全社交距离、不聚集、不扎堆等游览行为提出新要求，尽管疫情流行期结束，但散发病例时常出现，今后一段时间还将倡导游客在公园游览时科学佩戴口罩、保持安全距离，通过宣传屏、提示牌、广播、网络等多种方式，提示提醒游客文明游园，自觉遵守卫生防疫要求，保持良好的游园秩序，巩固来之不易的疫情防控成果。

5）准确把握防控节点

紧盯新冠肺炎疫情响应级别调整变化的重要时间节点，动态调整游客限流比例、室内游览空间开放、线下活动组织、商业跟进服务等方面的具体举措，稳妥把握节奏，做到科学防控。突出公园门区、广场道路、重点景区、狭窄地段、室内场馆等主要空间节点，加强游客疏导管控，提醒科学佩戴口罩，防止人员扎堆聚集，从入园源头上治理，在防控过程上着力，把准疫情防控关键节点，确保防控措施的针对性和有效性。

6）固化疫情防控成果

随着新冠肺炎疫情防控工作逐步深入，人们对疫情的认识不断深化，防控手段不断完善，防控效果持续提升。疫情防控的过程，也是不断发现问题、解决问题的过程。应针对公园在疫情防控中面临的游客群体的复杂性、防控形式的多样性、防控手段的局限性，定期对疫情防控工作进行总结复盘，梳理问题，分析原因，完善措施，固化成果，巩固疫情防控成效。

通过系统梳理新冠肺炎疫情以来公园应对的具体做法，总结经验，完善措施，固化成果，对今后公园快速、积极、有效应对突发公共卫生事件，具有十分重要的参考借鉴意义。

2.5.5　应急避险功能建设

2008 年 5 月 12 日，四川汶川发生了 8 级大地震，造成近 7 万人死亡、近 1.8 万人失踪，直接经济损失达到了 8451 亿多元。这是自 1949 年以来我国境内发生的强度最高、影响范围最广的一次地震灾害。

地震发生后，开阔的城市公园绿地迅速成为安置受灾居民、开展医疗救助和集散救灾物资的安全避险救灾场所。同时城市公园绿地在防灾减灾中也暴露出存在的问题：一是现状城市公园绿地数量严重不足或分布不合理。二是由于震前没有配置避险设施，震后公园绿地只能作为单纯的灾民容留场地，应急避险场所应具有的多功能作用未能充分发挥。针对存在的问题，加强城市公园的应急避险功能建设十分必要。

1. 公园作为应急避险场所的优势

应急避险场所是指破坏性城市灾害发生时可对灾民紧急救助，并且可供无家可归者避险栖身的场所。城市应急避险场所种类众多，包括城市公园、绿地、学校、体育场、大型医院等。

城市公园由于具有一定规模、相对完善的设施以及低密度的建筑，当城市灾害发生时，能够有效发挥应急避险的功能，可以成为应急躲避、伤病救治、人员再疏散的场所，而且相对开阔的空间和植物形成的绿带也可以形成一道屏障，防止灾害的进一步扩大。

1976 年唐山大地震，位于震中的唐山市区，数万名居民在凤凰山公园、人民公园等公园绿地中搭建窝棚或简易房作固定避险场所。在这次地震中，北京也震感强烈，被疏散到公园绿地的城市居民达到了 176.6 万人。

2003 年 10 月，我国第一个应急避险场所——北京元大都城垣遗址公园正式建成。它的建设遵循了通达性好、均衡布局、操作性强、利于疏散、安全保障、平灾结合的原则，配备了救灾所需的设施和设备，如应急供电、应急水井、应急厕所、应急通信、应急医疗、应急物资储备，甚至还有应急停机坪等，在灾害性事件发生时能够综合发挥避险场所的作用。它的建成填补了我国大城市没有专业化综合应急避险场所的空白，引起了社会各界的广泛关注，在全国具有重要的引领和示范意义。

2. 应急避险功能评价指标构建

评价公园绿地应急避险功能，需要建立一套指标体系，包括定性指标和定量指标，用来分析现状公园绿地类型的应急避险场所存在的问题，以利于公园绿地应急避险功能建设。

（1）定性指标

定性指标包括安全性、除外性、可达性、可入性以及布局合理性等。

1）安全性：建设有应急避险功能的公园绿地应避开地震断裂带、矿山采空区以及地震次生灾害源，远离地震滑坡或山崩危害区，远离易燃易爆物品生产工厂与仓库、加油站、高压输电线路；与高大建筑物保持一定的安全距离；公园绿地宜选址在开阔平坦且地势较高的地带，避开风口，最好周边植有树林带，园中有水池、水流等。

2）除外性：不宜将历史名园作为应急避险场所。

3）可达性：在灾害发生后，由于与公园相邻的建筑或道路受灾，很可能会阻碍人们到达公园，因此，避险场所必须与至少两条避灾通道相连接，以保证其可达性。在城市中形成由高大乔木保护的相互连通的道路网络可增加灾时应急避险公园绿地的可达性。

4）可入性：作为应急避险场所的公园绿地在设计时需考虑自身的可入性。公园本身的设计不合理、道路指向不清、道路宽度不足、入口无障碍设施缺乏等都会影响公园自身的可入性。

5）布局合理性：公园绿地是城市应急避险场所体系的一个组成部分，它与广场、运动场地、文教设施等城市设施一起作为城市应急避险场所。因此，对于公园绿地应急避险场所布局合理性的衡量，需要结合城市中可作为应急避险场所的其他开敞空间及公共设施进行总体衡量，而不是仅就公园绿地避险场所本身进行服务半径的衡量。

（2）定量指标

定量指标包括公园绿地规模、服务半径以及人均有效避险面积等。

1）公园绿地规模：公园绿地面积决定应急避险时可容纳人口的能力。借鉴国内外的相关经验，公园绿地可以按规模细分为：1~10hm^2 的，可作为紧急避险场所；10~50hm^2 的，可作为固定避险场所；50hm^2 以上的，可作为中心避险场所。

2）服务半径：公园的规模决定公园的服务半径，规模越大，承载的应急避险功能越多，服务半径越大。紧急避险公园绿地的服务半径宜为 500m 以内，步行大约 5~10min 可以到达；固定避险公园绿地的服务半径宜为 1000m，步行大约 20min 之内可以到达；中心避险公园绿地服务半径宜为 1500m，步行大约 30min 之内可以到达。半径越大，避险者到达场所的时间越长，避险途中的危险性越大。

3）人均有效避险面积：根据国内外的地震避险实践，人均有效避险面积应达到 2m^2 以上。若人口密度高，避险场所有限，人均有效避险面积应至少达到 1.5m^2。人均有效避险面积适宜，不仅给避险者提供更大的活动空间和良好的卫生防疫条件，也便于安全疏散和管理，特别是突发次生灾害，避险人群需要紧急撤离时有更高的安全性。

3. 正确认识公园绿地应急避险功能建设

（1）公园绿地具有天然的防灾减灾功能。合理布局的公园绿地以及连接各公园绿地的绿色通道共同形成的城市绿地系统对于城市的防灾减灾起着非常重要的作用。这是经过国内外城市灾害性事件反复验证过的。

（2）不是所有的公园绿地都适合用作避险场所。公园绿地是否能够作为应急避险场所，受到很多因素的制约。有条件作为应急避险场所的公园绿地也需要合理地确定其级别以及与级别相适应的设施配置。

（3）不宜建设专门的防灾公园。公园具有多种功能，防灾避险是其中的一项功能，此功能只有在灾难来临时才发挥作用，而灾难是小概率事件，公园更多是体现其日常的景观、服务功能，不宜把公园建成专门的防灾公园，而应当完善有条件作为应急避险场所的公园的应急避险功能，并将其作为一种类型的避险场所纳入城市的综合防灾体系。

（4）基础级别的中小公园应当重视。灾害来临时，离居民区较近的基础级别的中小公园会被更多地选择和使用，原因是居民能够快捷抵达且方便看管自家财物。

（5）充分考虑对历史名园的保护。历史名园是人类的共同财富，它是历史信息与文化精髓的载体，不宜作为应急避险场所。这就需要在历史名园周边设置足够的避险场所供公众使用。但是历史名园毕竟是园，当灾害来临，危及老百姓生命时，不能够拒绝其入园，因此历史名园应当有专门的保护措施和应对预案。

（6）公园应急避险场所具有纯公共产品属性。一般公园在满足休闲娱乐健身功能时，具有"拥挤性"特点，属于准公共产品，但公园一旦成为应急避险场所，就应当属于纯公共产品范畴，应由政府投入进行建设和管理。

（7）政府投入要考量成本与效率的结合。一方面我们要正确认识投入的成本。对于地震有可能波及的城市而言，建设应急避险场所是非常必要、重要且紧迫的工作，也许建成后多年都派不上用场，避险设施的更新维护、物资储备的定期更换等都需要一定的费用支持，看起来似乎是"浪费"，但这是未雨绸缪所必须要付出的成本；另一方面政府的投入要讲究效率。日本是在世界上防灾避险场所做得较好的国家之一，我们应当学习其成功的经验与成熟的技术，查找我们的差距和不足，但对日本的经验和做法不能简单拷贝，我们与日本的国情不同，日本许多城市地震发生的频率比我国的城市要高得多，所以我们应当根据自身的实际情况来安排和部署应急避险场所的建设。

4. 给决策者的政策建议

（1）应该从保障城市公共安全的高度，提升全社会对城市公园绿地建设的认识，推进城市公园绿地的合理布局及网络体系的构建。公园绿地更多被人们认识到的是它具有改善环境、美化城市以及休闲娱乐的功能，对于它在城市公共安全方面所能发挥的重要作用没有给予充分的重视，因而在城市土地价格飞涨的今天，公园绿地在城市中，尤其是在中心城区与商业设施、房地产等短期内能产生高额利润的城市用地竞争中处于劣势，因此全国很多城市公园绿地数量不足，分布不合理，尤其是中心城区缺绿少园。在公园城市建设的大背景下，城市决策者应当将城市公园绿地网络系统建设，作为提高城市公共安全的重要举措。

（2）公园绿地应急避险场所的设施配置需要从规划和设计两个层面进行深入研究。规划层面应当考虑的问题是：应急避险场所的分级、服务半径、规模、与周边环境的关系、相应设施的配备以及植物材料的配置等。设计层面应该解决的问题是：合理布局各种应急设施，如卫生设施、消防及生活用水设施、临时发电设施、照明设施、广播设施、通信设施、医疗救助设施等，使之能够满足相应规模的避险人员使用需求，同时注意特殊人群使用时的特殊要求，比如残障人士使用设施时的无障碍要求。设计时还应当考虑植物的栽植、绿地的管理等（图 2-46~ 图 2-49）。

图 2-46　公园中的应急避险标识　　　　图 2-47　公园中的应急医疗救护点

图 2-48　公园中的应急水源　　　　图 2-49　公园中的应急厕所

（3）应当加强园林绿化从业人员对城市公园绿地防灾避险功能的认识。我国有意识地赋予城市公园绿地防灾避险功能是在 2000 年以后，但总体而言，园林绿化从业人员在工作中对此考虑不多，因而从公园绿地行业角度来推动此项工作的意识不强，主动性不够。"认识决定态度，态度决定高度"。公园绿地作为城市基础设施，是以政府投入为主，向公众提供的公共产品，其功能应该是多方面的，传统的美化城市、休闲娱乐等功能作用要发挥，随着城市发展的需要，后增加进来的防灾避险功能也应当在行业内予以充分重视，并将此功能融入公园绿地的规划、建设与管理实践中。

（4）公园绿地应急避险功能应与其他功能同步规划与建设。应当将应急避险功能纳入城市公园绿地建设内容，与其他功能同规划、同设计、同建设、同管理，避免建设资金的浪费。随着城市化进程的推进，全国各地越来越重视城市景观环境的营造，越来越多的公园绿地出现，但是很多公园在设计建设之初，没有将应急避险功能纳入，造成公园建成开放后，如果被确定为应急避险场所，还要进行二次投入改造，造成建设资金的浪费。

（5）在公园绿地网络体系建设中，应当大力推进社区公园的建设。尤其在中心城区，应尽可能多地增加社区公园绿地的数量，扩充规模，一方面满足居民的日常使用，另一方面灾时满足应急避险的需要。

（6）应当建立一整套科学合理的公园绿地应急避险功能评价指标。公园管理方在将公园建设或改造成应急避险场所前，应当明确公园绿地能够承载的应急避险功能，配套与之相适应的设施，协调解决好应急避险功能与公园其他功能的矛盾与冲突，同时也要考虑平时与灾时的协调、功能转换与过渡。

（7）解决中心城区应急避险场所不足应当多管齐下。一是将过度密集区域的人口有计划地外迁。二是提高建筑物的抗震设防能力。三是尽可能多地增加公园绿地，特别是居住区公园或社区公园。四是将有条件的广场、学校、体育设施等作为应急避险场所进行建设。

（8）应当加大城市公园绿地避险功能的宣传。公园绿地应急避险功能要想得到充分发挥，除了要科学合理地规划建设外，还应当加大宣传力度。有调查显示，大量公众不了解公园绿地有应急避险功能或不知道灾时如何到公园绿地中去避险，因此要通过媒体加大宣传，并通过培训、演练等多种形式，使公众平时就能够了解、掌握公园绿地应急设施的功能、作用以及使用方法，只有这样，灾时应急避险场所才能够用得上，用得好，用得有序，用得充分。

2.6　文化传播

2.6.1　文化活动组织

一般有一定规模的城市公园每年会组织一些文化活动，吸引市民游客参与，激发公园的生机活力，从而提升公园的影响力（图 2-50、图 2-51）。关于公园文化活动的组织应当了解和把握以下几方面内容：

1. 活动定义

这里所说的公园文化活动，是指在公园内举办的以植物、动物、民俗、文物等为主题的各类活动，包括游园会、文化节、展览展示、宣传咨询和文艺演出等。

图 2-50　北京中山公园郁金香观赏季　　　图 2-51　北京颐和园"七夕"晚间活动

2. 法规依据

2007 年国务院颁布《大型群众性活动安全管理条例》后，北京、上海、广州、杭州等城市陆续出台大型群众性活动安全管理条例或管理办法，公园文化活动的组织应当遵守国家和所在城市相关的法律法规。

3. 规模

根据《大型群众性活动安全管理条例》规定，大型活动是指法人或者其他组织面向社会公众举办的每场次预计参加人数达到 1000 人以上的活动。公园日常业务范围内举办的活动，多为中小型活动，不适用该条例的规定。

4. 活动性质

公园举办的文化活动应当是公益性的，不应当举办纯商业展览或展销活动。前些年，各地的城市公园出租场地搞商业展销活动还是比较普遍的，偏离了公园的公益属性，近些年这种情况越来越少了。

公园的文化活动应该坚持高档次、高水平、高品位，活动主题要有鲜明的时代特色，弘扬社会主义核心价值观，体现时代风貌。内容健康、文明、积极向上，富有知识性、趣味性和艺术性，特别是要注重公众的参与。要突出公园自身特色，打造公园文化活动品牌。历史名园开展的文化活动，其主题和内容须与其所承载的历史文化内涵相契合，凸显历史名园的历史文化价值。

5. 组织管理

文化活动举办前，公园管理机构应针对活动举办涉及的所有事项和内容进行认真研究、论证和评估，按照有关规定到相关行政管理部门办理手续，待手续齐备后方可举办。

举办文化活动应明确主办方、承办方、协办方，签署协议，明确各方责任、权利和义务关系。应当成立活动领导小组，负责活动的组织和实施，领导小组要分工明确，责任到人。

活动的举办时间由公园管理机构确定后向社会公布。

公园管理机构应根据活动的内容，结合公园总体布局和功能分区划定活动场地，活动场地应避绕文物古建、古树名木保护范围及园内在施工程，所有活动不应超出划定的区域。在活动区域内搭建舞台或展台等临时设施的，不得影响公园的景观风貌。

公园在举办文化活动期间需设置临时导示牌的，导示牌的设计应美观实用，信息表述准确，与公园整体景观风貌相协调。大型文化活动应设置活动游线图和展区布局图，并标明各展区位置及展示内容。

公园管理机构应根据活动的安排设置游览路线、疏散通道及安全出入口等，活动场地内的主疏散通道宽度不得小于4m，辅助疏散通道宽度不得小于3.5m。

6. 商业管理

文化活动期间公园管理机构应根据游客需求提供商业服务，不能单纯以盈利为目的，安排与公园功能不相适应的经营活动。公园管理机构应根据游人消费特点，组织充足的货源，保证商品及餐饮供应。固定商业无法满足游客需求时，可设置临时摊位。

临时摊位的设置应统一规划，整体设计，其风格、造型、色调、体量、朝向、高度、材质等应与周边环境相协调，应符合安全技术标准，保证设施结构的安全和牢固。摊位的标识及编号应统一设计、安装。

临时摊位的经营内容须由公园管理机构确定并核准，并按照工商部门核准的经营范围经营，经营许可证、卫生许可证等要在显著位置明示。经营者应持有健康证，上岗时应着装整洁、佩戴胸卡，出售食品的服务员须戴发帽。餐饮必须严格按照食品安全的有关法律、法规要求定期检查，不得出售过期、变质食品，食品进货要建立台账制度。所售商品严格执行国家物价政策，明码标价，严把商品质量关，禁止出售假冒伪劣商品。不应采用拍卖的方式转让摊位的使用权。

7. 运行管理

公园举办活动期间，公园的运行管理应落实岗位责任，规范工作人员行为，确保服务质量。应明确游客投诉接待部门和负责人，游客投诉应在公园内及时妥善解决。

举办文化活动期间，承办者不得擅自接用水和电，不得向公园排放烟尘或有毒、有害气体，不得向公园水体排放污水。

文化活动承办者须严格控制噪声污染，使用乐器及其他音响器材的，应当控制音量，避免干扰周围生活环境。

运输活动所需物品的车辆，须在每日开园前和闭园后进入公园，并按照规定的线路和速度在园内行驶，车辆应停放在指定位置。

公园活动期间，应加强值班值守，严格遵守信息报送和请示报告制度，值班人员须熟悉突发事件的处置预案，遇有紧急突发事件，按预案及时妥善处置的同时报上级主管部门。

8. 安全管理

公园文化活动首先要确保安全，遵循安全第一、预防为主的方针，坚持承办者负责、政府监管的原则。县级以上人民政府公安机关负责大型群众性活动的安全管理工作。县级以上人民政府其他有关主管部门按照各自的职责，负责大型群众性活动的有关安全工作。

承办者的主要负责人为大型群众性活动的安全责任人。承办者须在活动举办日的 20 日前向公安机关提出安全许可申请，申请时提交相关材料。建立安全责任制度，确定安全责任人，明确安全职责和岗位职责。组织实施现场安全工作，开展安全检查，发现安全隐患及时消除。落实医疗救护、消防、应急疏散等应急救援措施并组织演练。对参加活动的人员进行安全宣传和教育，及时劝阻和制止妨碍文化活动秩序的行为，发现违法犯罪行为及时向公安机关报告。举办大型文化活动时，配备与活动安全工作需要相适应的专业保安人员及其他安全工作人员。

公园管理机构应保证活动场所、设施等符合国家安全标准和消防安全规范，并向承办者提供场所核定容量、疏散通道、出入口及供电系统等涉及场地使用安全的资料。保障疏散通道、消防车通道、安全出口、应急广播、应急照明、疏散指示标志等符合法律、法规、技术标准的要求。保障监控设备和消防设施、器材配置齐全、完备有效。

公园举办文化活动应确定最大游客容量，狭窄或易堵的地方应设置单行线或派人专门疏导，一旦超出最大游客容量，须立即采取有效措施，确保正常的游览秩序。

公园管理机构应按照核定的游客量接待游客。在文化活动期间，遇有紧急情况或突发事件，应按照应急预案采取临时关闭公园、疏散游人等措施，并及时向上级主管部门和有关部门报告。

公园举办文化活动须充分考虑天气对活动的影响，做好防风、防雨、防雷电、防冰雪灾害等工作。文化活动举办期间，须安排专门人员或采取相关措施，确保门区、狭窄路段、桥梁、涵洞、水域等重点部位的安全。

大型群众性活动涉及安全许可、安全生产、公安消防、公安交通、质量技术监督、商务、文化、体育、教育、旅游、园林绿化等政府有关部门职责的，根据有关规定执行。

文化活动结束后，承办者须按时撤展，不得影响游客的正常游览。

9. 档案管理

活动结束后，应及时将相关材料归档，并按信息化管理要求建立电子档案，包括申报材料、活动策划方案、文化活动组织实施记录、安全工作方案、安全管理制度、安全检查记录、投诉处理记录、相关的照片视频等。

2.6.2　展览项目策划

公园中举办展览是有历史传承的，早在民国时期，中央公园（现中山公园）、北海、景山等公园均举办过许多高水平的书法、绘画、文物、图片等展览，中华人民共和国成立初期，延续了在公园中举办展览的做法。后随着越来越多的博物馆、美术馆建成开放，公园中的室内展览越发少见。

近年来随着公园会所的整治、公园公益性的回归，公园腾退出很多空间作为举办展览的展厅。尽管公园内的展厅面积比博物馆的展厅小，展陈条件也不如博物馆完备，展览类型、展品选择受限，但举办一个有意义、有效果、群众满意的展览，仍需要像博物馆策划展览一样，确定展览的模式、主题、内容、展品、展览路线等（图 2-52）。

（1）确定展览模式。一般在公园举办展览有两种模式，即自主举办或联合举办。由于公园展览资源有限，策展专业化水平还需提高，通常公园多选择与有实力的机构联合举办，共享资料、共同探讨、共同策划展览及相关配套活动。

图 2-52　北京颐和园举办的"园说Ⅲ"文物展

（2）确定展览主题。主题是整个展览策划所要围绕的中心，因此，在策划展览前，需要对展览的主题进行分析、筛选和确定。一般展览主题的选择应考虑与公园所在地域文化和公园本身所具有的文化特质相契合。

（3）筛选展览内容。需要围绕展览主题，设定主线，讲好故事，文字内容需严格审核把关，同时也应重视空间展示、图文排版等效果。此外，为突出表达内容，还需要精心设计展墙、空间结构和色彩，好的内容也需要好的形式烘托。

（4）选择展品。根据展览主题的需要，深入分析展品的特性，选择适合的展品。对文化价值、历史价值、艺术价值较高的展品要进行突出展示，可辅以展板、展架、展台、多媒体等展具，从而提升展陈效果。

（5）设计展览线路。要围绕展厅面积、展厅分布、展厅可容纳人数、展柜尺寸与数量、展品类型等现地条件，按照一定的方向（顺时针或逆时针）和特定的顺序（如展品年代），进行展览线路的规划，从而优化配置展厅资源与展品，保证展览线路顺畅。公园的展厅大多面积小，空间狭促，展览线路的设计就显得尤为重要。

2.6.3　文创产品开发

公园文创产品开发是指公园自主或与第三方机构合作，以公园的知识产权或无形资产为核心，设计、生产和销售公园的文创产品，或者与第三方企业发布联名产品、合作营销等。

伴随文化与旅游产业的发展，文创产品开发作为公园推进文化创新、激发文化发展活力、传播文化价值的载体，逐渐成为文化文博单位主动承担社会职责、发挥公益属性、创造社会效益和经济效益、提升公共服务能力的重要途径（图 2-53~ 图 2-55）。

1. 公园文创产品的开发方式

公园文创产品的开发方式包括公园自主开发和授权第三方开发。

（1）公园自主研发

公园自主研发是指以公园核心元素为主题，委托第三方专业机构设计、打样、生产，在公园自有渠道销售的文创产品。

（2）授权开发

授权开发是指公园与第三方机构联合开发的联名款产品、授权第三方生产的公园文创产品，并可以在公园专营渠道外销售。具体包括直接授权（直接与品牌方合作）和委托授权（通过第三方机构与品牌方合作）。授权期限一般为 1~3 年。

图 2-53　北京天坛公园文创品

图 2-54　北京北海公园文创品

图 2-55　北京景山公园文创蛋糕

2. 文创产品分类

文创产品包括但不限于文化用品、日用品、食品、化妆品、玩具、服装鞋帽、饰品、贵金属、数码产品、工艺品、出版物、影音产品、纪念邮品、数字藏品、创意活动等。

3. 文创产品定位

（1）守正创新。把握正确导向，符合社会主义核心价值观，坚持以社会效益优先，社会效益与经济效益有机统一，扩大优质文化产品供给，满足人民群众文化需求。

（2）传播文化。传播历史文化、植物文化、动物文化、民俗文化等，为市民游客提供公共文化服务的同时国有无形资产达到保值增值目的。

（3）创新创意。以文化创新为支撑，将创意与公园文化内涵、优势资源相结合。

（4）四有标准。按照"有颜、有料、有用、有趣"标准打造文创产品，即文创产品要有高颜值、有故事性、有使用功能、有一定的趣味。

（5）产品质量。严格把控产品质量，包括材料、工艺、结构、安全等方面的质量。

4. 合作机构选择

公园授权的合作机构必须是依法登记设立，拥有一定经济实力、信用记录良好、在相关领域具有资源优势和一定业绩的机构。选择合作机构时应重点考查其业务范围、规模实力、品牌文化、形象信誉、销售渠道、有无相关经验等。

5. 知识产权保护

公园的知识产权是指公园依法享有或有权使用的著作权、商标权、专利权、商号、标识、标记等无形资产。

（1）公园应高度重视知识产权保护工作，对各类具有代表性及文化内涵的建筑、景观、名称、标识、标记等，视情况及时开展著作权登记、商标申请等保护工作。

（2）公园在文创产品开发和授权过程中，应重视无形资产的保值增值。

（3）公园在利用知识产权进行投资、担保时，应符合相关法律、法规、政策的规定，不得将知识产权无偿或明显低于市场价格许可给合作机构使用。按要求履行必要的评估、论证、审批等手续。

（4）公园与第三方合作产生的新知识产权应当明确产权归属。原则上，新知识产权归公园所有或与第三方共有，在合作期间授权合作方仅限合作项目使用。

2.6.4 宣传与舆情应对

1. 主动宣传

（1）公园应制定全年宣传工作方案或计划，就可预见的公园游园政策调整、大型活动举办、景区改造提升、便民服务措施增加等内容提前做好新闻宣传准备。

（2）积极运用官方网站、政务微博、政务微信、政务客户端等自媒体公布公园服务信息，通过定期举行新闻发布会、现场演示会、媒体沟通会，组织记者专访、集体采访，发布新闻通稿，以电话、传真和电子邮件等形式答复记者问询等方式，进行信息发布和政策解读。

（3）设立新闻发言人制度。新闻发言人负责信息发布和舆论引导工作的总体策划和组织实施。新闻发言人应具有较高的政治素质和政治理论水平，熟悉本单位工作业务和媒体运作规律，具有较强的沟通表达能力、良好的心理素质和应变能力。

（4）加强效果评估。建立科学、合理、有效的量化评估指标体系，多维度评估宣传效果，可引入第三方实施评估工作。通过评估，查找问题，及时调整信息发布、政策解读的方式方法。

2. 舆情应对

（1）舆情研判。开展舆情监测，搜集并实时研判舆情，做好应对准备。结合舆情特点研究拟定口径方向和要点。

（2）积极回应。要对具体且有针对性舆论、媒体诉求、争议问题进行主动回应。对于社会关注度高，迫切需要回应的舆论热点，不能回避推诿。

（3）专家解读。可邀请专家对相关政策做权威解读。

（4）公众参与。充分听取社会公众、游客市民的意见建议，引导舆论走势，回应公众关切，增进社会共识。

（5）媒体沟通。积极为媒体采访提供便利，主动提供信息服务，确保工作时间有人接听记者问询电话、查收微信及电子邮件，非工作时间通过微信、电子邮件、传真接受并及时回复记者问询，特别是在媒体刊稿前要与媒体充分沟通，如实客观说明相关情况，避免媒体对所掌握信息的误读误解。

（6）不得出现的两种情形。不得出现公园管理机构对社会关切不回应、重要信息不发布、舆论引导不规范的情形；更不得出现弄虚作假、隐瞒实情、欺骗公众，造成严重社会影响的情形。

2.7　公众服务

2.7.1　游客疏导

公园在节假日和举办大型活动期间客流量大，有效实施客流疏导是维持公园正常游览秩序，保障游客安全的重要举措。新冠肺炎疫情期间，加大客流疏导，防扎堆聚集显得尤为重要和必要。客流疏导是一项系统工程，需要多措并举。

1. 科学核定公园承载

根据多年积累的游客数据和公园自身的空间结构，以游客安全、舒适游览为原则，科学核定公园日最大承载量和瞬时最大承载量。按照日（瞬时）最大承载量的70%、80%、90%分别划定黄、橙、红色预警线，客流量突破不同预警线将逐级采取严格限流措施。

2. 预约限流

新冠肺炎疫情发生以来，无论收费公园还是免费公园，纷纷采取了分时段实名预约限流措施，疫情最严重的时候，更是提出"非预约不前往"，大大减少了前往公园的客流量。公园景区的预约限流已经成为后疫情时代游客量管控和客流疏导的重要手段。

3. 延长公园开放时间

延长公园开放时间，特别是在公园游览旺季，可以有效均匀游客在公园中的时空分布，减少单位时间的游客接待量。

4. 优化排队管理

增加售检票窗口，减少门区排队；客流入园高峰，门区引导牌示应高高竖起，远远即可看到，可有效分散客流；在经常拥堵地段，通过人工疏导、停止商品售卖等措施，实行局部分流；增加女士厕位，缓解厕所拥挤。

5. 优化游览线路

通过在客流较少的区域种植花卉、优化景区环境、举办展览、布设餐饮文创店等措施，引导客流在园中的均衡分布。

2.7.2　导游解说

导游解说是阐释公园文化价值的重要方式，导游讲解服务人员有如下规范要求：

（1）公园从事导游讲解服务的人员应经培训合格后方可上岗。

（2）导游讲解服务人员应当服饰整洁、举止文明、语言生动、发音标准、吐字清晰，熟悉公园有关情况，耐心解答游客询问，严格遵守外事纪律。

（3）导游讲解人员在讲解时应做到自然从容，让人感到真诚可信。

（4）导游讲解人员讲解时须将手机调至震动或关机，讲解过程中不得接打手机。

（5）有偿导游讲解服务应在公园门区或游客服务中心明显位置公示导游讲解人员服务时间和服务价格。

2.7.3　公众教育

公园因具有良好的自然环境，丰富的人文内涵，是开展公众教育最好的场所之一。目前在公园开展的公众教育主要有三方面内容：一是自然教育，包括自然生态、植物、动物、低碳环保等主题。二是历史文化教育，包括古建、文物、历史园林、节庆民俗等主题。三是红色教育，包括公园中的红色遗址遗迹、红色展览等内容。

公园中的公众教育愈来愈得到公园管理机构的重视，公众参与的热情也很高，公园推出的公众教育课程或活动常常爆满，一位难求。

公众教育既不是单纯的户外活动，也不是单纯的相关知识学习，而是一项科学规范、开放共享、统筹实施的系统工程。公园公众教育的实现路径：

1. 制定年度计划

公园应制定公众教育的年度计划，有序安排全年各时间节点的公众教育项目。

2. 树立品牌意识

挖掘公园公众教育 IP，培育公众教育品牌，各个公众教育课程、出版物、活动、宣传，都应以固定的 IP 形象作为载体，通过逐年的发展，形成品牌的聚合力和影响力。

3. 打造载体

探索公园设施、场地的多用途，利用科普小屋、游客中心、展厅展室、阅读空间、文创展示空间、游乐场、生态路径、林下空间等打造公众教育的载体。通过生态式营造、装配式植入、文创式开发等多种方式，将其打造成适合开展公众教育活动的营地。

4. 走出去请进来

一方面公园公众教育的课程和活动可以走进学校，走入课堂；另一方面可以请青少年走进公园，身临其境感受和体验自然、历史和红色文化，学习相关知识。

5. 开发课程

梳理公众教育内容，编写教材，请专家把关，与高校、科研、研学机构合作，不断开发和优化课程，确保公众教育输出的内容准确无误。

6. 搭建人才库

从公园中选拔有热情、勤学习、善交流的专业人员、管理人员、一线职工组成专业团队，实施自然教育、历史文化教育、红色文化教育等相关项目。同时可以整合社会专业机构和专业人员加入项目实施的团队，补充公园公众教育力量的不足。

7. 建立项目库

争取相关部门对公众教育在政策和资金上的支持，为项目研究、项目执行提供保障。

2.7.4　投诉处理

（1）应明确受理投诉的主管部门和人员，统一协调公园的投诉处理工作。

（2）投诉受理应体现公开、公正的原则，实行首问负责制。

（3）应建立投诉受理的工作机制，明确公园各部门的工作职责，对有效的游客投诉，应在规定时间内交由主管部门处理，并及时将结果反馈给游客。

（4）受理投诉部门应明确联系方式。各服务网点应公布投诉电话、网上投诉渠道，有条件的可在公园相对固定位置设置意见本、投诉信箱。

（5）投诉记录应齐全完整，内容应包括投诉人、投诉方式、投诉内容、受理人、受理时间、处理结果、回复时间等。

（6）应建立健全监管制度，上一级管理机构负责监督、抽查、复核下一级的投诉处理情况。应加强对意见本、投诉信箱的管理。

（7）游客投诉的处理情况应列为公园工作考核内容。

2.7.5　游客调查

实现公园优质服务的前提是要准确把握游客的需求。游客调查是公园管理者了解游客需求进行决策和管理的重要依据和工具。

游客满意是指游客对公园管理服务的效果与其预期价值相比所产生的愉快感。通过随机调查获得样本，使用加权平均法处理评分数据，获得最后的游客满意评价结果。游客满意度主要体现在游客的游览体验与期望值的对比，只有当游览体验高于期望值时，游客才得到满足。

1. 建立评价指标体系

游客的游览体验与期望值之间的差异决定了游客满意度，但游览体验受许多因素影响。基于公园管理服务特点，选取疫情防控（新冠肺炎疫情期间）、绿化美化、安全管理、卫生保洁、服务管理、商品消费、科普宣传作为一级评价指标，具有一定的代表性和可行性。

为准确测量游客满意度的影响因素，在一级指标基础上，还应设计二级指标：

（1）从设置排队 1m 线、体温检测、扫码查验健康宝、提示游客科学佩戴口罩、实行分时段实名预约购票入园、一线岗位人员科学规范佩戴口罩等方面对疫情防控工作进行满意度评价。

（2）从道路卫生，座椅、栏杆、垃圾桶等服务设施干净无破损，卫生间干净整洁、无异味，设备设施齐全，湖面卫生无垃圾、水质清洁、水体无异味等方面对卫生保洁工作进行满意度评价。

（3）从树木养护效果、古树名木养护效果、草坪绿地养护效果、应季花卉景观效果等方面对绿化美化工作进行满意度评价。

（4）从园区环境安全、门区秩序维护、园内工作人员值守和巡逻、园内户外区域人群扎堆聚集管理、不文明行为管理、非法经营活动治理等方面对安全管理工作进行满意度评价。

（5）从服务咨询和反馈、游客服务中心服务质量、导览牌示设置、分类垃圾桶设置、园内座椅分布、无障碍设施设置等方面对服务管理工作进行满意度评价。

（6）从食品饮料质量、食品饮料购买方式的多样性和便利性、文化创意产品的特色质量和多样性等方面对商品消费工作进行满意度评价。

（7）从园内科普标识牌示设置、线下科普活动组织参与、线上科普推广宣传等方面对科普宣传工作进行满意度评价。

2. 数据采集

游客满意度评价可以采取在公园随机抽取游客进行线下纸质问卷调查的方式，也可以同步通过公园自媒体进行线上问卷调查。如条件允许，问卷发放的数量尽可能多一些。线下随机发放问卷选取的时间，最好在公园开放的不同时点，以覆盖更多群体。游客满意度评价的频率可以选择一年一测、半年一测、每季度一测或每月一测，频率越高，效果越好。

3. 比较分析

通过对问卷进行分析，可以在公园 7 个一级指标中发现公园管理服务中的短板弱项；通过对二级指标的分析，可以发现对一级指标形成影响的主要因素，从而更好聚焦，针对问题，实施整改。通过对历次问卷的分析，还可以看到一二级指标的发展变化，这些变化实际是对整改成效的检验，有利于工作的不断调整和优化。

2.8　志愿服务

　　志愿者的志愿服务常被描述为"送人玫瑰，手有余香"。志愿服务是社会文明的标志，也是社会进步的表现。公园志愿者是公园管理服务工作中的一支重要力量。

　　志愿者是不计报酬，利用自己的时间、精力、技能等资源，自愿为社会和他人提供服务的个人。志愿服务可分为正式志愿服务和非正式志愿服务。正式志愿服务即"有组织的志愿服务"，是志愿者通过相关组织参与志愿服务。与非正式志愿服务相比，有组织的正式志愿服务有更明确的服务范围、计划、目标和规范流程，是现代社会志愿服务的主流。公园中的志愿服务多体现在认建认养、志愿讲解和秩序维护上，多属于有组织志愿服务范围。

2.8.1　认建认养

　　公园绿地认建认养是指单位、组织、家庭或个人，按照一定程序通过捐款、捐资或者其他方式进行城市绿地建设、养护的公益性行为，也是一种志愿服务。每年植树节前后公园绿地认建认养活动集中开展，这是社会进步和文明的体现，也是丰富义务植树内容和形式的有效做法，既可以有效缓解公园绿地建设养护费不足的问题，减轻政府财政负担，又可以提高市民的生态意识、绿化意识。

　　1. 坚持自愿原则

　　开展公园绿地认建认养，自愿认建认养人（单位、组织、家庭或个人）需与公园管理机构协商，向公园管理机构提出申请，签订认建认养协议，明确双方责任和权利。认建认养的绿地、树木不改变产权性质和所有权关系。

　　2. 服从公园管理

　　公园绿地认建认养单位和个人必须遵守公园绿地管理规定，接受管理机构的监督管理。认建认养分两种：一是自行管理，即由单位、组织、家庭或个人直接负责公园绿地认建认养。二是委托管理，即单位、社会团体和个人出资委托有园林绿化建管资质的单位建设和养护认建认养的公园绿地。认建认养人可在其认建认养的绿地内设立标志牌。标志牌的规格、式样由公园管理机构确定。

3. 广泛宣传发动

通过电视、报刊、新媒体等各种形式，广泛、深入地开展宣传工作，阐释解读认建认养活动的深远意义及认建认养方式，及时报道认建认养公园绿地的动态、建养情况、资金使用情况以及优秀典型事例，积极营造认建认养公园绿地的社会氛围。

4. 明确责任义务和权利

公园绿地认建认养期限一般为 1~3 年，到期后可申请续期，续期时长一般不少于 1 年。单位、团体或个人可以认建认养一块或多块绿地，也可以多人认建认养一块绿地。认建认养人可获得绿地和树木的资料、认养证书等。认建认养人不得以任何理由在其认建认养的绿地内擅自增加建筑物、构筑物，不得改变植物配置和园林景观，不得改变绿地性质及进行商业经营活动，不得在树立的标志牌上标注有商业广告性质的内容，不得私自转让认建认养权。如认建认养人因人力、财力或其他原因需解除认建认养协议的，应提前向公园管理机构提出解除协议申请。对无故不履行协议的，公园管理机构可告知当事人后终止协议，另行安排认建认养人。

公园绿地认建认养是开展全民义务植树的延伸，旨在提高全民爱绿护绿意识，充分调动全社会关心、支持、参与绿化和生态建设的主动性和积极性，共同构建人与自然和谐发展的宜居环境。

2.8.2 志愿讲解

公园讲解分人工讲解和电子讲解两类，其中人工讲解又分为专职讲解、兼职讲解和志愿讲解三部分。通常公园专职讲解员都是正式职工，人员数量比较少，一些世界遗产或历史名园，如颐和园，还有兼职讲解员，是跟公司合作，由其负责选拔。即使这样，有些公园的讲解力量依然薄弱，发展志愿讲解可以补充公园讲解力量的不足。公园志愿讲解员一般由公园组织招募，常见的是为特定的活动，比如玉渊潭樱花观赏季，进行招募并组建志愿讲解员工作团队，通过培训、考核后上岗为游客讲解。志愿者讲解的过程，也是对公园自然、历史和文化的传播。公园非常注重招募青少年志愿者，通过培训，提升他们对自然、历史和中华优秀传统文化的热爱。

有些公园，比如北京动物园，与志愿者共同把讲解内容开发成课程，走进社区，走入课堂，打破公园的时空界限，扩大服务范围。

公园志愿讲解服务的规范发展，还需要逐步建立和完善一整套管理体系，包括公开招募、培训考核、管理激励等。博物馆行业在志愿讲解服务方面起步较早，有很多成熟的经验和做法值得公园行业学习和借鉴。

公园的志愿讲解服务才刚刚起步，还有很大的发展潜力和空间。

2.8.3　秩序维护

公园在黄金周、节假日或举办赏花季等大型活动期间，游客量大、管控难度大，易造成安全隐患及不文明现象的频发，这一时期公园的管理力量往往捉襟见肘。各地城市公园尝试引入志愿服务力量，比如北京 2004 年开始建立"公园之友"志愿服务团队，2017 年后又引入了首都文明引导员。武汉、上海、厦门、成都等地聘请"市民园长"，帮助公园管理人员加强公园客流高峰时期的客流疏导、秩序维护和不文明行为的治理工作，管理效果突出。

1. 志愿服务力量的优势

通过招募选拔的志愿服务人员，来自不同的行业领域，年龄不一，有一定的社会阅历，具备良好的沟通和协调能力，他们贴近群众，对公园现状、存在的问题等比较了解，容易与游客沟通，有助于减少各种管理矛盾和问题。一方面志愿者大多为本地人，对公园很熟悉，很容易适应公园工作。另一方面志愿者大部分为退休人员，作为公园秩序的维护者，更能发挥"柔性劝导"的作用，引导游客守序排队，劝阻不文明行为，辅助公园工作人员，做好游客服务保障工作。

2. 工作内容

配合公园管理机构维护园容环境和游园秩序，针对损坏公园设施，破坏园林植物以及噪声扰民、乱扔垃圾、采挖野菜、乱涂乱刻、野泳野钓、随地吐痰、宠物入园、摆摊设点、不文明不安全游园行为等进行管理和劝阻，收集社会各界对于公园管理工作的意见和建议，并从不同角度为解决一些管理难题出谋划策。

3. 管理方式

一般是公开招募、选拔、上岗前培训、工作绩效考核等。为保障志愿服务的常态化，各地多制定相关的管理办法，规范志愿服务的全流程管理。

志愿服务力量参与公园的管理服务充分激发了群众参与的积极性，发挥了群众的智慧，这种"自下而上"的群众路线弥补了"自上而下"城市管理方式的不足。不论是公园之友、文明引导员还是"市民园长"的设立，不仅是公园管理方式的创新，也是现代城市公共空间"共建共治共享"的内在要求，是城市治理能力和治理水平趋于现代化的具体表现。

2.9　绿色发展

2.9.1　节约型公园管理

建设节约型公园是要按照自然资源和社会资源循环与合理利用的原则，在城市公园规划设计、建设施工、养护管理、健康持续发展等各个环节中最大限度地节约各种资源，提高资源使用效率，减少资源消耗和浪费，获取最大的生态效益、社会效益和经济效益。

节约型公园管理的路径：

1. "三节"管理

（1）节地型管理。严格公园绿线管制，保护好现有公园中的绿地，坚决防止占用绿地、改变绿地性质的行为。在保证公园绿化用地的前提下，提高土地的利用率，保持公园的山水地势和绿化场所原有的地貌特征，避免进行大规模的地形改造，尽量做到土方就地平衡。保护好自然植物群落和自然痕迹，要形成一种自然的、完整的、多样化的绿地系统，维护好大树、古树，建档立卡、划定保护范围、制定保护措施并落实专人进行严格保护。充分利用墙体、屋顶、桥体等，推广立体绿化。在停车场植树，进行生态化改造。在公园道路旁种植高大乔木，形成树荫凉和花园式步行道。

（2）节水型管理。在水资源匮乏地区，一是要加快研究和推广使用节水耐旱植物，坚持使用乡土树种，营造稳定的适生植物群落，不能只追求视觉效果。二是积极推广使用中水，注重雨水拦蓄利用，建立集雨型绿地。在干旱地区推广使用微喷、滴灌、渗灌等节水技术，科学合理调整优化灌溉方式。

（3）节财型管理。一是坚持我国传统的"师法自然""虽由人造，宛自天成"的理念，对洋设计采取谨慎态度。二是不应高价买绿、高价建绿，盲目使用名贵树种、珍稀花木、奇特苗木等费钱又破坏生态的做法，造成城市园林树叶量或生物量增长缓慢。不应热衷于建大广场、雕塑，用花岗岩、大理石等高档建材，以防造成巨额的资金浪费和生态破坏。人行道绿化要透水透气。要拦截雨水，使雨水得到合理利用。以最少的改造或不改造获得良好的生态效益。

2. 具体要求

（1）丰富物种。物种多，绿化系统的抗病性就强。发展自然式园林，形成多样的乡土物种，增强可持续发展能力，降低管理成本。

（2）追求绿量。树叶量要高，这是最重要的生态指标。树叶量是决定绿化效应和生态效益的第一要素。

（3）培育大树。发挥高大乔木的隔声、降温、保温三大功能。

（4）构建网络。要对城市中的各类绿地空间进行点线面有机结合，多保留自然水面，形成水陆自然衔接、成网成线的生态系统，动物在其间自由迁移，充分利用水面、陆地以及水陆接合部进行生存繁衍。

3. 保障措施

（1）加强规划管理。节约型公园的绿化必须形成有利于节约资源的规划设计模式、建设模式和维护管理模式。从源头上制止不切实际，不尊重科学以及铺张浪费的行为，在规划上要保绿、要保原来的大树，防止不科学的改造，防止洋设计；在建设上，坚决纠正"大广场""大草坪"问题，切实避免移种大树、古树和珍稀树种、洋树种的现象；管理上，对不尊重科学、不实事求是、铺张浪费、高价建绿的问题要坚决纠正，对不划定绿线的不予交付使用。大力推广节约型养护管理模式，走节约型、可持续性发展的园林绿化道路。

（2）构建支撑体系。依靠科技进步和创新，构建节约型公园绿化的技术支撑体系。加大对节约型公园绿化和植物多样性关键技术的攻关力度。

组织开发和示范有重大推广意义的节约型公园绿化替代技术，大力推广应用节约型公园绿化的新技术、新工艺、新设备和新材料。培养一批耐旱、耐碱、耐阴、耐污染的树种。

2.9.2 绿化废弃物利用

绿化废弃物通常是指植物在生长阶段自然凋落或因养护过程中人工修剪所产生的残枝、落叶、草坪修剪物、落花、树木与灌木修剪物，以及其他植物性的有机混合物。绿化废弃物的主要成分包含木质纤维素、脂质类物质等。绿化废弃物具有来源较为单一、成分较为简单、通常容易收集等特点，因其通常含有较为丰富的有机物等营养成分，绿化废弃物也被称为"放错位置的可再生资源"。

2007年，住房和城乡建设部发布了《关于建设节约型城市园林绿化的意见》，明确提出了"鼓励通过堆肥、发展生物质燃料、有机营养基质和深加工等方式处理修剪的树枝，减少占用垃圾填埋库容，实现循环利用"。北京、广州、上海、武汉等地陆续积极推进绿化废弃物的循环利用，尝试将绿化废弃物从城市垃圾中分离出来，由园林绿化部门进行集中消纳处理，以有机肥等形式实现对绿化废弃物的资源化利用。

绿化废弃物资源化利用方式：

（1）堆制有机肥。将公园中产生的各类树枝、落叶等废弃物统一经收集、粉碎处理后，进行有氧发酵，产生有机肥料。发酵过程能有效降解园林废弃物中的纤维素、多糖和木质素等物质，最终发酵产生的堆肥产品不仅能有效提高土壤肥力、改善土壤物理结构，还能降低或缓解土壤板结、保水透气能力下降等问题。

（2）生产有机基质。绿化废弃物经粉碎、充分发酵和腐熟后的产品，含有较高的有机质和矿物质，可用于生产基质材料，用于花卉培养、苗木种植和农业生产等领域。因为生产的有机基质疏松、透气性强，具有较强的保水性、保肥能力及较高的稳定性，适合植物生长，可以作为土壤改良剂、栽培基质等。

（3）生成有机覆盖物。绿化废弃物经收集、粉碎、加工后产生的有机物质，可用于地表覆盖，并且具有较高的生态效益和经济收益。经加工处理产生的有机覆盖物，主要有两种类型：一是对园林废弃物进行加工、粉碎、堆腐、发酵，最终形成粉状基质。二是把较为粗大的枝条和枝干直接进行加工粉碎，再经矿物染色加工后，变成彩色块状颗粒。

（4）用作饲料。通过收集绿化废弃物中的杂草，运用发酵技术制作杂草类绿化废弃物青贮饲料，这种饲料一般与其他的动物饲料混合搭配使用。

（5）用于发电。通过将木屑压块制成生物颗粒，可用于生物质发电。绿化废弃物最大的优点就是易燃和热能高，如果能够控制再利用过程中的成本，那么利用这些废弃物发电能够节约石化资源，降低发电的成本。

（6）压制木板。对于绿化垃圾可以根据不同树种进行分类，将大型树干及树枝送至工厂，其中较大的可以制成板材，较小的可用于造纸或提取化学用料，从而获得绿化废弃物处理的经济效益及社会效益。

（7）扦插利用。扦插是绿化作业中普遍采用的制备栽植方法。绿化废弃物中有很多可用的小枝条，通过扦插枝叶较快繁殖，这种方式变异较小且方便管理。

目前绿化废弃物利用中还存在诸多问题：如粉碎或集中堆放，快速消纳能力不足，极易引发火灾等安全问题；处理过程中消耗电量过大且占用土地资源等不经济的问题；发酵过程中会产生甲烷、氨气、一氧化碳等空气污染问题；转化的产品市场需求不足等问题。

未来还需要加大科技研发，一体化统筹、政策支持，使绿化废弃物的利用真正循环起来，让"被放错位置的可再生资源"发挥更大的作用。

2.9.3　生活垃圾分类

全国各城市陆续推进实施了垃圾分类工作。公园应按照所在城市的要求，结合公园性质特点，全面实施生活垃圾分类，着力提高游客的垃圾分类意识、资源环境意识，实现公园生活垃圾分类投放、分类收集、分类运输、分类处理，倡导健康、文明、绿色、环保的游园新风尚，使公园成为垃圾分类工作的示范标杆。

1. 工作目标

健全生活垃圾分类长效工作机制，通过多种形式开展生活垃圾分类宣传、动员和实施工作，加强生活垃圾分类管理，实现生活垃圾强制分类全覆盖，合理利用园林绿化废弃物，建立公园垃圾分类施行标准和工作制度，明显提升公园垃圾的无害化、减量化、资源化和利用水平。

2. 基本原则

按照公园规划、生活垃圾分类设施设置规范，在公园的各个区域，遵循方便游客投放、方便运输作业、设置简单适用、不影响公园景观的原则，补齐配足垃圾投放、收集、运输、处理、分类的各类设施，加强生活垃圾分类标识、标牌建设。

3. 分类垃圾收集容器设置

按照所在地城市要求设置垃圾收集容器，科学规划，合理布局，倡导集中定点、分类设置，保持垃圾收集容器完好和整洁美观，出现破旧、污损或数量不足的，及时维修、更换、清洗或补设，确保各种分类垃圾收集容器设置合理、要素齐全、标识醒目、周边整洁。公园可结合游览环境定制分类垃圾收集容器，相关分类标志等需符合《生活垃圾分类标志》GB/T 19095—2019 要求。

4. 综合管理

（1）坚持分类管理

1）分类投放环节。通过宣传动员、定点引导、随机提醒等方式，引导游客正确分类投放，把好垃圾分类关。

2）分类收集环节。将垃圾分类收集到贮存点，不混收、混放。有条件的可购置用于垃圾回收的专业保障车辆或对已有的园内垃圾转运车进行改造，按照分类要求设置垃圾回收容器（垃圾袋），以便于保洁人员分类收集垃圾。

3）分类运输环节。区分不同垃圾种类，与具备资质的生活垃圾收集运输单位签订回收合同，按规定组织分类运输。

（2）加强台账管理

根据垃圾类型分别建立生活垃圾管理台账，记录生活垃圾种类、数量、去向等信息，做好交接、登记和统计工作，确保垃圾种类清楚、来源清楚、去向清楚。

（3）实施编号管理

做好垃圾桶（站）基础数据管理维护，对垃圾桶（站）进行编号统一管理，按照网格区域划分，根据不同编号对垃圾桶（站）进行精准设置、精准管理、精准维护，提高垃圾分类精细化管理水平。

（4）加强卫生治理

将垃圾分类、疫情防控、爱国卫生运动结合起来，进行综合治理。结合卫生防疫，加大公园环境卫生整治力度，定期进行公园卫生大扫除，每日对垃圾桶进行消毒，定期对垃圾贮存点或垃圾转运站进行彻底消杀，防止细菌、病毒滋生。结合爱国卫生运动，做到垃圾日产日清，及时清运、不遗留、不暴露。

（5）做好提示提醒

在公园出入口、主要通道、公共场所、垃圾贮存点或垃圾转运站等醒目位置设置生活垃圾分类公示牌，提示提醒游客做好垃圾分类。公示牌的内容应至少包含以下信息：

1）公示牌名称为"生活垃圾分类公示牌"；

2）各品类生活垃圾投放点指示图；

3）生活垃圾分类管理责任单位、责任人及电话；

4）管理区域内各品类生活垃圾收集运输方式；

5）生活垃圾收集运输服务单位、责任人及电话。

（6）常态规范管理

公园应把垃圾分类纳入常态管理，结合公园服务设施规划，推动垃圾桶规范定型，有计划、分步骤更新更换垃圾桶。

5. 宣传引导

（1）加强专业知识培训。通过集中宣讲、专家授课、专题辅导等多种形式，组织垃圾分类管理、保洁等相关人员，开展业务学习培训，了解垃圾分类知识，掌握垃圾分类方法。

（2）多种形式宣传。积极营造生活垃圾分类浓厚氛围，充分利用户外大屏、横幅标语、张贴挂图等方式，利用橱窗、广播、网络、新媒体等渠道，广泛开展宣传，引导游客正确分类投放垃圾。

（3）开展配套活动。通过发放宣传资料、现场演示示范、专家咨询解答、趣味问答等，传播垃圾分类知识，普及垃圾分类要求，增强垃圾分类意识。

（4）加强先进典型选树。发挥先进典型的示范引领作用。

第 3 章

行业精细化管理实践

在公园城市建设的大背景下，面对数量越来越多的公园，如何有效实施公园行业管理，城市园林绿化行政主管部门一直在思考、探索和实践。笔者在北京公园行业从业 30 余年，负责城市公园行业管理 10 余年，曾经组织或参与了公园行业相关法规的立法论证、地方标准的制定、政策性文件的起草；针对行业存在的关键性突出问题，研究解决办法并探索构建可复制可推广的管理模式；探索应用科技手段提升管理的效能等工作。这一章所涉及的管理费用、科技应用、评价评估、绩效考核、制度建设等内容，多为笔者在工作实际中遇到的问题，研究解决后固化的工作成果，提供给各地园林绿化行政主管部门参考。

3.1　管理费用

管理费用的投入是公园运行的保障，是打造高品质公园的基础。全国各地城市越来越重视公园的建设，特别是在公园城市建设的大背景下，建公园是舍得投入的，一个公园从规划开始到建成开放，看得见、摸得着，工作成果很好体现。公园一旦进入到管理环节，维持公园的品质，投下去的费用往往不显山不露水，工作成果不好体现。这种情况就造成了很多城市对公园的态度是"重建设轻管理"。建公园的投入是一次性的，而管公园的投入则是长期的，只要公园不弃管就始终要投入。公园维护管理费用的投入是否充分是通过公园维护管理费用标准来衡量的。

目前公园维护管理费用标准有两种：一种是行业定额，按照覆盖范围又分为全国性的和区域性的，全国性的如《全国园林绿化养护概算定额》ZYA2（II—21—2018），区域性的如《上海市绿地养护概算定额（2010）》《河北省城市园林绿化养护管理定额》《江苏省城市绿地养护管理预算定额》等；另一种是地方的指导标准，如《北京市公园维护管理费用指导标准》。下文重点介绍《全国园林绿化养护概算定额》ZYA2（II—21—2018）和《北京市公园维护管理费用指导标准》。

3.1.1　行业定额

2018 年 1 月，住房和城乡建设部组织编制并批准发布了《全国园林绿化养护概算定额》ZYA2（Ⅱ—21—2018）（以下简称定额），该定额以提高园林绿化的质量和效益为目标，是规范园林绿化养护资金管理、确定全过程价格的依据，可应用于城镇规划区范围内各类绿地日常养护管理的预算编制、结算支付以及园林绿化养护招标投标活动。

1. 定额编制目的

全国园林绿化养护主管部门缺少计算和申请年度养护费用的依据，园林绿化养护费用拨款部门也缺少核拨费用的基础。定额的编制可为各省市园林绿化年度养护资金的编报、申请、拨付、监管、使用等提供依据，规范园林绿化养护管理工作，巩固园林绿化建设成果，提高园林绿化养护管理水平，促进园林绿化养护市场的健康有序发展。

2. 定额编制方法

定额将全国划分为 7 个片区，每个片区选择 5~6 个代表城市，每个城市填报样本绿地资料，通过对数据进行统计分析，将绿地分为植物元素和非植物元素，设置不同的定额项目，综合运用"定额移植法""劳动定额法"和"现场实测法"等 3 种方法确定人工、材料、机械的消耗量。移植法，即参照各省市现有的定额水平的方法；劳动定额法，即参照全国劳动定额中有关园林养护定额标准的方法；现场实测法，即通过现场调研和实际测定，确定人工、材料、机械消耗量的方法。由于全国各城市所处的地理位置、自然条件、社会经济发展水平以及绿化养护管理基础的差异性，定额编制兼顾全国不同区域特点，突出普遍性、通用性和可操作性。

3. 定额内容

定额内容包括植物养护和非植物维护两部分。植物养护包括绿地养护和其他绿化养护；非植物维护包含建筑小品维护、设备设施维护、保障措施项目等。植物养护涉及乔木、灌木、绿篱、竹类、球形植物、攀缘植物、花坛花境、草坪、水生植物、容器植物、行道树、古树名木等植物养护以及其他绿地养护、立体绿化等养护管理内容。

4. 定额特点

定额的出台填补了全国园林绿化行业无养护定额的空白。定额内容全面，基本覆盖了绿化养护的所有元素。由于全国各城市所处的地理位置、自然条件、社会经济发展水平以及绿化养护管理基础条件不同,各地可以在定额基础上,结合本地实际作补充规定。定额采用元素法,较科学和规范,但基础调查工作量大且需要动态管理。

3.1.2 地方规定

这里主要介绍《北京市公园维护管理费用指导标准》这一政策文件制发的背景、内容和效果。

1. 文件出台背景

公园是城市有生命的基础设施,日常需要经费维护。经费投入需要依据相关标准。北京历时近两年研究并于 2011 年 4 月正式发布实施了《北京市公园维护管理费用指导标准》。

北京 2008 年举办奥运会前后,各类公园建设推进的速度很快,公园数量不断增加,城市注册公园(1 万平米以上)达到了 300 多个,公园绿地近千个。当时,一些新建成开放的公园,需要合理测算运行管理费用。一些开放多年的老公园,财政对其投入也没有一个统一的标准,基本都是以上一年度投入作为参照,结合当年度工作任务人为做加减法。还有些公益性、事业性公园所需维护管理经费没有纳入同级财政专项预算,公园正常的养护、运行管理经费不足,依靠创收弥补,公园为了生存和发展,出租管理用房、外包工程、举办商业活动等,偏离了公园的公益属性。

公园重建设轻管理,有建设的钱没有维护管理的钱,使得绿地和设施"超期服役"或因缺乏日常维护而"未老先衰",管理机构往往通过申报建设项目一次性改造,改造时有些未到"服役期"的也一并"下岗",造成不必要的浪费。

因此当时北京公园行业迫切需要出台一个指导公园科学合理测算维护管理费用投入的标准,作为各级公园管理机构申请或确定专项管护资金的依据,这对于公园公益性定位以及更好地为广大游客服务具有非常重要的意义。

2. 文件起草过程

2009 年 8 月,北京市园林绿化行政主管部门委托有关科研机构启动北京市公园维护管理费用指导标准研究。首先,研究了国外主要世界城市公园维护管理费用情况，如美国纽约中央公园、英国伦敦里士满公园、日本东京昭和纪念公园等，借鉴了美国公园设施生命周期理论以及预防性维护的理念；第二，研究了上海、广州、重庆以及深圳等国内城市公园维护管理费用投入情况；第三，调研了旅游、市政、水务、环境科学、建设工程造价管理等相关单位，学习借鉴了相关行业设施维护费用标准与测算方法；第四，选择北京市具有代表性的近百个公园开展了实地抽样问卷调查，从回收的调查表中遴选了数据较为完整的市、区两级共 78个公园作为测算单位，并以此为样本进行了深入研究；第五，按照园林建筑、园林小品、园路与水体、园艺设施、园林电气设备等五大类工作内容选取了统计指标，进行回归分析，经过了大量的数据测算，反复进行验证后得出结论，并据此起草了标准初稿；第六，组织召开了专家论证会，多次征求市、区各公园管理机构和市级财政部门的意见，反复修改，数易其稿。

3. 文件内容

《北京市公园维护管理费用指导标准》共含 6 项内容，分别是公园维护管理费计算方法、公园设施维护费标准、公园水体保洁费标准、公园中绿地养护管理费标准、调整系数、补充说明。

（1）公园维护管理费计算方法

公园年维护管理费总额 =（年设施维护费 + 年水体保洁费 + 年绿地养护管理费）× 调整系数

（2）公园设施维护费标准为 4.2 元 /m^2·年

公园年设施维护费 = 4.2 元 /m^2·年 × 公园陆地面积

此项标准包括园林建筑（厕所）、园林小品（园灯、导游牌、果皮箱、园桌椅、栏杆、健身器材、井盖）、园路及铺装场地、园艺设施（主要为喷灌、喷泉）、园林电气设备（主要为广播、电视监控系统、景观照明，以及电子屏、水泵、配电箱、变压器、电动门、派接柜等）的维护费用。公园设施维护是指设施的日常维修保养（含保洁），即为保持设施的完整和正常运行所进行的预防性保养和轻微损坏部分的修补，不包括设施更新和园林建筑主体结构的修复；为保证设施的正常运转及维护设施的原有功能而进行的清洁、紧固、调整、润滑及检修等，即不超过设施投资总额 20% 的维护项目，不包括设施大修。此设施维护费标准不含水电费。依据北京市建设工程人工市场价格信息（2010 年 10 月）市政工程的市场信息价，人工费取定为 51 元 / 工日。

（3）公园水体保洁费标准为 2.4 元 /m² · 年

公园年水体保洁费 =2.4 元 /m² · 年 × 水体面积

工作内容包括人工清除打捞漂浮物。该标准依据《北京市水利工程养护维修预算编制办法及定额》确定。保洁工作量依据《城镇市容环境卫生劳动定额》中的保洁作业标准，确定为 15000m²/ 班次。

（4）公园中绿地养护管理费标准

特级绿地养护管理费为 15 元 /m² · 年；一级绿地养护管理费为 9 元 /m² · 年；二级绿地养护管理费为 6 元 /m² · 年；三级绿地养护管理费为 4 元 /m² · 年。

公园年绿地养护管理费 = ∑某级绿地养护管理费标准 × 该级别绿地养护面积

本标准依据《北京市园林绿化局关于城市绿地养护管理投资标准的意见》（京绿地发〔2008〕11 号）执行。

（5）调整系数

本标准根据公园维护等级的不同，划分为三个等级，即国家重点公园、市级重点公园或精品公园以及一般公园。在进行公园年维护管理费总额预算时，分别乘以相应的调整系数。国家重点公园调整系数为 1.2；市级重点公园或精品公园调整系数为 1.1；一般公园调整系数为 1。

（6）补充说明

本标准包含以下费用：公园绿地、设施、水体维护中的直接人工费、机械费、材料费、运输费、综合管理费。

本标准不包含以下费用：应时花卉和植物造型等花卉摆放和绿地更新改造费用；园林绿化应急抢险及防治危险性有害生物、普查等应急处置费用；绿地内古树名木养护费；苗木因调整、维护而发生的土建材料费；新增苗木、花卉等材料费；疏植苗木处理费；服务巡察；安全管理（如：公园大门的全天服务、值班，园内巡查执法、维护游园秩序等）；文物保护维护；动物饲养以及音乐喷泉、攀岩场等专项设施的维护费等。

4. 标准实施效果

2011 年 4 月标准实施后，越来越多的公园纳入到同级财政保障范畴，到 2012 年全市公园管理维护共投入资金（包括绿化养护、设施维护、水体保洁三项，市属 11 家公园因测算方式不同除外）5 亿元，较上一年增长 7380 万元，2013 年、2014 年、2015 年分别较 2012 年增长 1.6 亿元、

2.2 亿元、4 亿元。2014 年开展的"公园会所"整治工作，进一步强化了各级财政对公园管理维护经费的保障，切实维护了公园的公益属性。

3.2　科技应用

3.2.1　数据规范

在公园城市建设中，公园精细化管理是其应有之义，公园管理的精细化离不开数据的支撑。公园在运行管理过程中不断产生数据，数据的积累越来越多，这些数据要在公园治理以及城市治理中持续发挥作用，就要使数据可用，数据可用的基础是数据规范。

1. 数据及数据规范的现实要求

（1）智慧城市建设要求

我国的"智慧城市"建设全面展开，提出要利用大数据、物联网等新技术，驱动政府管理和服务创新，以数据为核心的"智慧公园""数字景区"管理需求跃升到前所未有的新高度。

（2）精细化管理要求

公园的运行管理需要"情况明、责任清、数据准"，特别是需要用数据描述工作的质量和水平。

（3）公园信息化建设要求

从公园行业管理来说需要全面准确掌握公园管理的各类信息，为政策制定、工作指导、业务驱动等提供支撑；从各级公园管理机构来说，逐步深化信息化管理系统的建设需要有统一的数据标准。

（4）数据可用性要求

公园数据由基础数据、运营数据、管理数据、各类台账等组成，其数据来源于各公园，因填报部门多，数据项庞杂，迫切需要对数据进行规范，以保证数据的可用性。

（5）数据共享要求

"信息惠民""大数据惠民"要求各部门把可以共享的数据信息开放给社会共享使用，让公众可以获取，创造提升数据信息的价值，因此需要在数据信息的传递中，确立其标准和颗粒度。

2. 数据采集存在的问题

公园运行管理中积累的大量数据，从可用性角度来说存在一些问题：一是重复采集。如公园管理机构一年中多次填报文化活动信息，其中涉及的有些基本信息重复填报，造成人力资源浪费。二是数据不合逻辑。如公园管理机构填写的公园陆地面积与水面积之和与公园总面积不符。三是数据项前后填报不统一。如公园管理机构在不同表格上填报公园名称时，有时填的是全称，有时是简称，作为公园来说指的是 1 个，但输入信息系统会作为 2 个识别。如填报中水处理设施时，有的公园填无，有的填 0 等。四是数据项定义模糊。如公园管理机构填报公园周边车位时对"周边"的范围不明确，花卉名称、游船种类等也各异。

因此园林绿化行政主管部门应当制定一套数据标准，实现公园信息"一次采集、多次使用，纵向统一、横向共享"，为公园的业务开展和其他部门的共享使用提供支持。

3. 数据标准编制的原则

一是普及性。考虑对各类公园均适用的较为通用的数据元和数据项；适用于以人工或自动方式交换、解释及加工处理；具有较强的推广意义，能够全面普及。二是合理性。实用为先，满足公园的管理需求，体现可操作、务实，能解决实际问题，不盲目扩大标准范围。三是系统性。研究标准的体系框架，并随着工作的需要不断调整、优化、充实完善。

4. 标准编制过程

一是需求调研。由行业及信息化专家、公园工作人员等共同组成标准编写组，通过座谈、资料收集、问卷调查等方式，详细了解公园各类数据的需求及使用过程中存在的问题，对问题进行归类。二是数据整理与框架搭建。对既有数据进行整理、分析、比对、去重，将存在错误的数据剔除，对填写不规范的数据进行调整，对缺失数据进行补充。对既有数据按照可用性、实用性进行重新分类，搭建数据结构框架。三是形成数据标准。学习研究数据及元数据相关国家标准、行业标准和地方标准，明确数据要求，确定数据分类方法、表示方式以及每个数据项的定义，形成数据标准，经意见征求和专家论证后确认。数据标准应适用于公园信息资源的规划、采集、存储、交换、共享与利用。

5. 数据标准主要内容参考

以北京制定的《公园数据元规范》DB11/T 1298—2015 为例，解读数据标准的主要内容。

基于公园管理实际需要，公园信息包括公园基本信息、公园管理信息和公园运营信息共 3 大类、15 小类、193 个数据项（图 3-1）。

（1）公园基本信息

包括基本情况、位置交通、绿化与用地、基本设施、节能设施、无障碍设施共 6 小类 103 个数据项（图 3-2）。

（2）公园管理信息

包括管理机构情况、建设规划情况、监控应急信息、项目管理共 4 小类 32 个数据项（图 3-3）。

（3）公园运营信息

包括门票及优惠情况、门票收入情况、客流量情况、经营服务、文化活动组织共 5 小类 58 个数据项（图 3-4）。

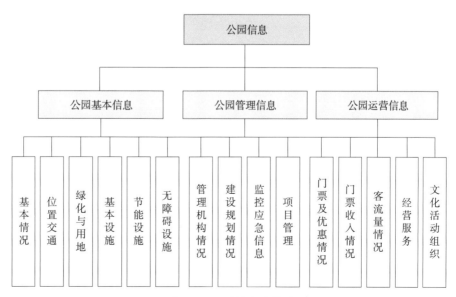

图 3-1　公园信息结构图

图 3-2　公园基本信息结构图

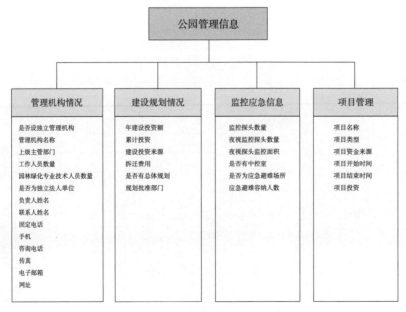

图 3-3　公园管理信息结构图

图 3-4　公园运营信息结构图

3.2.2 管理平台构建

随着公园城市建设的推进，越来越多不同类型的公园建成开放，作为城市公园行业管理部门，特别是承担政府职能的部门，大多面临着人少、事多、工作标准越来越高的难题：一是随着机构调整，主管公园工作的行政部门人员大大精简，但管理范围却不断扩大，各类型公园的管理均纳入行政部门的行业管理之中，比如森林公园、湿地公园、郊野公园等。二是公园城市建设的提出使得各级领导越来越认识到公园在城市建设和运行中的重要作用，愈加关心和重视公园服务百姓的能力和水平，因而对公园工作要求和标准不断提高。三是社会各界及广大人民群众对于公园管理服务的诉求也在不断增加。

破解难题，需要转变工作思路和传统的工作方式，借助信息化手段，寻求突破，以期达到以下目标：全面及时掌握公园行业动态；各级公园管理机构上下快速协同；构建强大的公园数据库，为决策提供依据；工作过程要留痕，便于追溯和为相关工作提供参考；在行业形成比学赶帮、创先争优的工作氛围；各级机构工作效率、工作效果能够进行考核。

实践证明，构建公园信息管理平台可以有效达成上述工作目标。

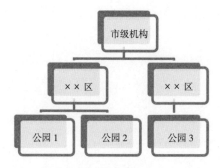

图3-5 多级公园管理工作平台结构示意

1. 公园信息管理平台定义

公园信息管理平台是指利用信息化手段，在互联网或局域网上构建多级公园管理工作平台（简称平台，图3-5）。通过平台部署工作任务、记录工作流程、固化工作成果、考核工作绩效、发布政策法规和标准规范、共享行业动态舆情、构建行业数据库等。

2. 平台适用范围

平台适用于负责公园行业管理的行政机关；从事公园管理的事业单位；公园管理机构。

3. 平台解决的问题

（1）工作任务管理。上级机关下达"任务"，下级机关或管理机构有效完成并及时反馈。

（2）工作绩效考核。下级机关或管理机构任务完成并提交后，工作平台自动打分并排名，形成激励机制。

（3）管理数据库构建。根据管理需求，每一个公园通过数据进行描述，构建公园数据库（193项数据/公园），所有公园的数据可形成庞大的数据库，依托数据库可进行数据的提取、统计、分析以及其他大数据应用。

（4）管理知识库构建。与公园管理相关的法规、规范、标准以及各项工作任务完成的情况（按照标签进行归类）都可以作为知识库，供公园管理人员需要时查询。

（5）遥感监测。通过卫片，勾画公园边界，一年可开展1~2次卫星遥感监测，对公园实施监管。

（6）审批。上级单位可通过平台对下级单位申报的请示事项进行审批。

（7）舆情共享。通过平台，各级使用者均可共享公园行业"舆情动态"。

4. 功能模块

以"北京公园风景区管理工作平台"为例，公园信息管理工作平台主要功能模块包括任务管理、绩效考核、行政审批、数据库、遥感监测、知识库（法规、标准、规范）、舆情共享、统计分析等。

3.2.3　5G 场景应用

5G 的全称为第五代移动通信技术，是具有高速率、低时延和大连接特点的新一代宽带移动通信技术，是实现人机物互联的网络基础设施。

我国处于世界 5G 应用的领先位置，自深圳 2017 年 10 月开通首个 5G 试验站点以来，我国 5G 产业的发展在工业、车联网与自动驾驶、能源、教育、医疗、文旅、智慧城市、信息消费、金融等领域快速推进。

城市综合公园、专类园（历史名园、动物园、植物园、游乐园等）多为旅游景区。目前文旅领域借助 5G 的创新应用步入数字化转型的快车道。5G 智慧文旅场景应用主要包括景区管理、游客服务等环节（图 3-6 ~ 图 3-11）。5G 智慧景区可实现景区实时监控、安防巡检和应急救援，同时可提供 VR 直播观景、沉浸式导览及 AI 智慧游记等创新体验，大幅提升了景区管理和服务水平，解决了景区同质化发展等痛点问题。

深圳作为全国首个 5G 独立组网全覆盖的城市，2021 年 4 月宣布全面开展"5G 智慧公园"建设，市区 34 处公园、绿道，131 项 5G 智能应用产品

图 3-6　北京天坛公园 5G 清扫车

图 3-7　北京动物园 5G 售货车

图 3-8　北京陶然亭公园 5G 健康宝查验机

图 3-9　深圳香蜜公园 5G 巡逻船

图 3-10　深圳莲花山公园 5G 智慧健身　　图 3-11　深圳莲花山公园人脸识别储物柜

和场景落地，为深圳市民游客提供了多样性、广覆盖的便民服务，使公园、绿道成为深圳市民游客体验 5G 智慧科技和拓展 5G 智能应用的公共空间。

2022 年 3 月北京市公园管理中心也宣布在 6 家市属公园完成了 61 个 5G 基站建设以及 5G 消息、5G 慢直播、5G 无人驾驶清扫车、5G+AR 导览体验、5G 露陈文物管理、5G 智慧救助杆、5G 智能导览、5G 无人售卖车、5G 客服机器人、5G 健康宝智能查验、5G 游船智慧管理、5G 噪声治理、5G 智慧步道等 16 个 5G 场景应用试点，充分利用 5G 新技术为游客带来新体验，助力公园服务管理水平新提升，带动 5G 产业发展，助力数字城市、智慧城市建设。

5G 场景应用项目包括但不限于：

（1）5G 疫情防控

依托 5G 网络，运用热成像测温、人脸识别以及身份证验证等技术，研发 5G 疫情防控一体机，与"北京健康宝"打通，用户只需在一体机前刷脸/刷身份证，即可完成身份核验、测温及登记。提供多种工作模式：人脸识别 + 测温，用户注册后再登记时即可刷脸登记；身份证 + 测温，用户只需刷身份证即可完成登记；人证比对 + 测温，通过抓拍用户人像并与其身份证中记录照片比对进行身份核验登记；测温模式，快速测温并语音播报等。

（2）5G 消息应用

GSMA 标准协议将 RCS 消息纳入 5G 手机必备功能，手机短信功能将通过 RCS 实现升级。入园游客不用关注公园公众号、小程序，直接通过预约短信进入公园，提升入园游客感知，减少门口拥堵状况。5G 消息是多媒体的，可互动服务，公园与游客可相互接收文字、图片、视频、位置，游客还可通过 5G 消息完成支付。

（3）5G-MEC 应用

应用边缘计算的 MR 导览，可全息进行展品演示，商品推广、运营销售。

（4）5G 公园环境监测

依托 5G 可实时监测并展示公园环境空气温湿度、光照、降雨量、风向、风速、大气压力、PM2.5、噪声、气体浓度等环境指标。

（5）5G 智慧步道

智慧步道系统依托 5G 技术，通过采用智慧化的科技手段，将跑步前、跑步中、跑步后三个阶段串联起来，包括人脸注册、人脸识别测速、运动数据分析、陪跑光影、健康指导、社交分享、运动数据管控等，为跑步者提供更智慧、更健康的运动环境。

（6）5G-AR 内容云

运用 5G 可将互动元素融入讲解，收集公园文化内容，通过 IP 虚拟人物进行语音介绍。对接空间地图，游客用镜头直接扫描景点、文物、展品等，IP 虚拟导游会为游客讲解景点、景物的文化渊源和历史故事，让游客迅速领会景点文化内核，加深游客和公园的情感连接。

（7）5G+AI 游记

利用 5G 速度优势可保障游记素材传输和游记成片更新速度；AI 游记成片功能、视频拼接渲染服务，AI 算法能力基于人脸识别，通过识别人脸大小、人脸位置、人脸角度、手势抓拍等保障游记生成质量，提升游客体验满意度，同时满足景区管理端功能以及照片视频采集，为景区宣传推广提供新方式。

（8）5G-AR 导航导览

通过 APP 或小程序可为游客提供沉浸式、交互式以及自助式一体的智能化导航导览服务。游客能够在实景环境中查看位置检索结果、线路规划路径、浏览导游信息等，同时还可增加虚拟引导人物进行 AI 语音交互。可实现与平面地图切换，在平面地图上可以直观展现公园景区的全貌，并将公园经典景观突出呈现。

（9）5G 智能储物柜

5G 智能储物柜可结合人脸面部识别技术，利用人脸面部特征作为储物凭证，实现游客物品的快捷存取，无需条码纸等介质，可节约公园管理与运维成本。

（10）5G-AI 语音识别分类垃圾桶

通过语音交互技术控制分类智能垃圾桶，语音唤醒后，游客说出自己想丢的垃圾名称，智能云端可以根据正确的分类方式开启分类电动档口。桶内设有垃圾溢满报警功能和溢满灯光提示，外侧设有 LED 屏和音响可进行使用提示。后台管理系统可查看公园内垃圾桶分布位置信息、满溢情况、故障情况等，便于人工及时处理。

（11）5G 慢直播、5G 超高清直播

5G 慢直播：根据公园景色特点，搭建 5G 直播平台，实时通过视频方式展示公园美景，如樱花观赏期、红叶观赏季等，可以支持线上互动，增加观赏乐趣。

5G 超高清直播：借助 5G 背包，达到广播级 4K 编码要求，基于 5G 网络特性，实现超高清、低时延的 4K 实时直播。

（12）5G-VR 直播

VR 直播将虚拟现实与直播结合，支持全景、3D 以及交互。可在公园内重要地点建立 VR 直播点位，部署 VR 直播摄像机，采用 360 度全景拍摄设备捕捉超清晰、多角度的画面，观看者可选择上下左右任意角度，体验逼真的沉浸感。

（13）5G 实景 3D 数字孪生

通过深度相机与激光设备，采用 AI 全自动算法，经过三维图像渲染技术，在云端克隆重现实景空间，可提供详情展示、全程语音导航、空间漫游等多种功能，让远程参观者体验最真实的现场效果。

（14）5G 智慧灯杆

结合公园 4G 补点和 5G 覆盖，采用综合解决方案实现一杆多用，可将基站、照明、指示牌、监控、呼救等功能统一在一个智慧杆上实现，造型与园林风格统一适配。统筹园区内通信基础设施的设计和施工，协调运营商同步规划、同步实施。应用物联网、大数据等技术实现设备远程集中管理；对路灯、景观灯等进行统筹管理。

（15）5G 智慧厕所

通过设置在厕所内的各类传感器，可实时监控厕所进出人流和坑位使用情况以及厕所内环境参数。同时，通过 5G 物联网实时将厕所坑位信息传送到游客 APP，便于游客就近找厕所；智慧厕所系统内，除了人流指标，还可显示异味指标和环境指标，实时显示氨气浓度和硫化氢。环境指数一旦超标，会自动发出警报并启动除臭机，保证厕所内的空气质量；如果厕所需要人工保洁，智慧厕所系统会通过 5G 网络推送给园区的保洁人员，及时对厕所进行清洁。

（16）5G 无人驾驶清扫车

依托 5G 网络与车身配置的摄像头、激光雷达和超声波远程监控以及人工智能算法和程序的设定，5G 无人驾驶清扫车可在靠近游客时执行避让和停靠动作，并根据深度学习的清扫路线，自主完成路面清扫、洒水、垃圾收集等工作。5G 无人驾驶清扫车功能十分强大，一辆 5G 无人驾驶清扫车每小时可以完成 3500m² 的室外有效清扫，单次充电可以清扫 20000m²，可承担 6 名清扫保洁人员的工作量。

（17）5G 智慧游船管理

5G 智慧游船管理可实现游客云上排队；运用导航系统进行 5G 游船智能定位；预警信息发布与紧急求助；统一收银管理及适时汇总游船收入等。

（18）5G 无人巡逻船

在公园湖面投放 5G 无人巡逻船，可实现水质监测、游船管理、视频巡逻、政策广播、救援指导。业务场景：后台对 5G 无人船进行遥控，成为水面机动巡逻保安；采集水文数据，为改善水质提供支持；对水面情况进行机动视频巡逻，视频实时回传后台；通过麦克风和播音设备，实现和游客通话以及对游客的政策宣传。

（19）5G 露陈文物管理

利用 5G、光伏锂电池、人工智能摄像头，对不具备拉通电源及网线的露陈文物进行保护。通过摄像头监控露陈文物附近的人流，当有人员闯入特定区域时，后台自动报警，前端自动播放语音等。

（20）5G 无人送货车

在园内，通过 5G 无人送货车实现零食售卖、物品递送。可实现 L4 级无人驾驶，续航里程 80km，最大速度 40km/h，载重 500kg，白天夜晚均可通行，中小雨、中小雪天气也可正常行驶。定位精度 10cm。业务场景：地势相对平坦的区域，实现无人车零食售卖；景点餐厅实现自助点餐送餐；公园内购买的文创产品自动投递到指定门区；公园管理部门的日常工具递送。

（21）5G 无人零售车

5G 无人零售车利用先进的 L4 级别自动驾驶技术，可在园区内自动行驶的智能售货车，兼具科技性与服务性。其支持指定园区路线（如主游览线）、指定范围（如客流量大的景区）的巡游模式；支持招手即停、扫码停车、划屏停车等多种方式叫停车辆进行购物；支持定制车身外观与园区主题相契合，支持更换车身外观，成为移动的形象宣传载体。

（22）5G 无人超市

5G 无人超市采用国内领先的视觉重力技术与算法，打造无接触式购物体验，助力园区智能化升级。其支持购物区 + 休闲区 + 热食区一体配置；支持盒饭、生鲜、冷暖柜、咖啡等全品类销售；支持注册（首次）—扫码进入—选购商品—直接出门，购物流程顺畅，无须排队等待结账，提升游客体验。

上述项目是当前公园可以选择实施的一部分 5G 场景应用项目。随着技术的进步，5G 场景应用正在不断更新迭代，前景十分乐观。5G 技术在公园中的应用，开启了智慧游园新时代，游客体验更加便捷，也更有乐趣。公园在管理上借助 5G 等新一代信息技术，装上了智慧"大脑"，改变了传统管理模式，公园的管理服务逐渐向着精细化、人性化、智能化的 5G 智慧公园迈进。

3.3 评价评估

3.3.1 历史名园评估

历史名园在城市的发展进程中发挥着独特的作用，是城市的标志甚至是城市形象的代名词。例如北京的颐和园、天坛公园，上海的豫园，苏州的拙政园、留园，扬州的瘦西湖，广州的越秀公园等，这些历史名园与城市的发展变迁密切相关，作为鲜活的载体见证了所在城市的历史文化，体现了一个城市的历史演变与当地的地域精神。城市公共空间改造和建设时，历史名园通常会被相对完整地保留下来并向公众开放，这些历史名园深刻影响着后来的城市形态，并在保护城市生态和生物多样性方面发挥独特的重要作用。

什么是历史名园？通过什么标准评估筛选历史名园？这里将系统介绍北京园林绿化行政主管部门在扎实研究的基础上开展的对历史名园的定义、分类，制定评价标准以及筛选首批 25 座历史名园的过程。

1. 历史名园的定义

通过比较相关标准规范对历史名园的定义，结合北京实际，对历史名园作如下定义：北京历史名园是指在北京市域范围内，具有突出的历史文化价值，并能体现出传统造园技艺的园林。它曾在一定历史时期或北京某一区域内，对城市变迁或文化艺术发展产生影响。历史名园还包括在北京市域范围内，依托文物古迹建设的园林。

2. 历史名园的分类

（1）分类标准

北京园林绿化行政主管部门在对历史名园分类时参照了汪菊渊的《中国古代园林史》、周维权的《中国古典园林史》、张家骥的《中国造园论》和《中国造园史》、陈植的《中国造园史》、童寯的《造园史纲》、刘策的《中国古代苑囿》、安起怀的《中国园林史》。北京历史名园分类如图 3-12 所示。

（2）各类历史名园概述

1）皇家园林

通常皇家园林属于皇帝个人和皇室所有，古籍里称之为苑、苑囿、宫苑、御苑、御园等。皇家园林模拟自然山水，在不悖于风景式造景原则之下尽显皇家气派。

根据园林的用途，可以分为如下五类：

①大内御苑：指皇城内的皇家园林，包括紫禁城内的花园和西苑三海。

②行宫御苑：指皇帝出巡的临时居住、办公场所，如团河行宫、南巡行宫、北巡行宫。

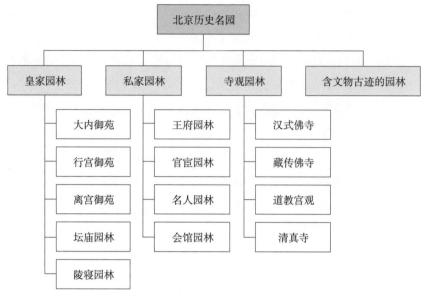

图 3-12　北京历史名园分类

③离宫御苑：指郊外的皇家园林，皇家长期居住、办公的场所，主要为清漪园、静宜园、静明园、畅春园、圆明园、南苑等。

④坛庙园林：为皇家祭祀场所，以园林手法渲染神圣气氛。主要包括天坛、先农坛、社稷坛、太庙、地坛、日坛、月坛等。

⑤陵寝园林：指为安放先人灵柩，纪念先人，实现避凶就吉之目的而专门修建的园林，以园林手法体现对祖先的纪念与追思，主要包括十三陵等。

2）私家园林

北京的私家园林界定为 1949 年以前所建，由私人及其家族长期使用、居住的府宅花园或别墅园林，是居住、交流、休养、观赏游览的场所。

私家园林规模比皇家园林相对小，在园中模拟自然山水，栽植花木，充分利用以少代多、小中见大、曲径通幽、移步换景以及对景、借景等手法，努力营造出富有诗情画意的幽雅环境，并在园林细节要素上充分体现园主人的身份地位或其良好的文化修养以及深刻的中国文化内涵。

根据居住和使用者不同，私家园林可分为以下四类：

①王府园林：由王公及其家族长期使用、居住的园林。其园林规模一般较大，多采取轴线式布局彰显气势，并在园林细节上体现王公的等级和地位，是北京私家园林中的特有类别，如恭王府花园、醇亲王府花园。

②官宦园林：由官宦及其家族长期使用、居住的园林，主要分布在政权中心周边，内城及西北部。其园林规模适中，多位于住宅之后或之侧，在园林细节上体现官宦的等级和地位，如可园、阅微草堂。

③名人园林：由名人及其家族长期使用、居住的园林。其园林规模一般较小，但布局精巧且体现深厚的文化内涵，如马辉堂花园、乐达仁宅园。

④会馆园林：即会馆的附属园林，主要分布在外城。其园林风格往往带有其他地域的园林风格特征，如湖广会馆、安徽会馆。

3）寺观园林

寺观园林指佛寺、道观、历史名人纪念性祠庙的园林。

按照所传教派不同，可以分为以下四类：

①佛寺：如红螺寺、戒台寺、妙应寺、真觉寺。

②道教宫观：如白云观、东岳庙。

③清真寺：如牛街清真寺、南下坡清真寺等。

④其他：如祠堂等。

4）含文物古迹的园林

含文物古迹的园林指依托文物古迹建设或在原有风景游览地的基础上形成的高品质园林。

3. 历史名园的评价标准

（1）基础标准

历史名园的基础标准也是入选标准，以下三项内容需同时满足：

1）1949 年以前始建。

2）市域范围内，曾在一定历史时期或北京某一区域内，对城市变迁或文化艺术发展产生影响的园林。

3）园林格局及园林要素至今尚存。

（2）评价体系的构建

满足基础标准的园林，通过以下评价体系筛选（图 3-13）：

1）评分标准（满分 100 分）

①历史特色与价值（30 分）

A. 始建年代（共 5 分）

1911 年之前建设的园林（评 5 分）。

1911~1949 年建设的园林（评 2 分）。

B. 在园林发展史上的作用（共 20 分）

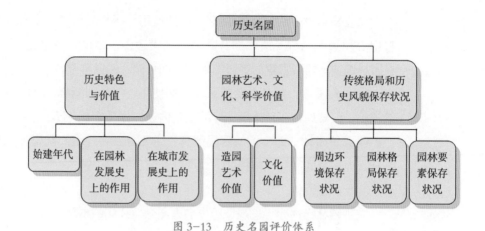

图 3-13　历史名园评价体系

在园林发展史上地位重要，影响显著的（评 16~20 分）。

在园林发展史上有一定地位和作用的（评 11~15 分）。

在园林发展史上地位一般，作用发挥不明显的（评 6~10 分）。

在园林发展史上地位较低，几乎没有发挥作用的（评 0~5 分）。

C. 在城市发展史上的作用（共 5 分）

在城市发展史上地位重要，影响显著的（评 5 分）。

在城市发展史上地位一般，作用发挥不明显的（评 2 分）。

②园林艺术、文化、科学价值（37 分）

A. 造园艺术价值（共 25 分）

在园林各要素上都具有极高的艺术价值（评 21~25 分）。

在某几个园林要素上具有较高的艺术价值（评 16~20 分）。

在某一个园林要素上具有较高的艺术价值（评 11~15 分）。

在园林各要素上艺术价值一般，无突出之处（评 5~10 分）。

几乎没有艺术价值（评 0~4 分）。

B. 文化价值（共 12 分）

园林本身有较高的文化价值，在历史上有较多与此园林相关的诗文典故（评 10~12 分）。

园林本身文化价值一般，但历史上有较多与此园林相关的诗文典故（评 7~9 分）。

园林本身文化价值一般，与此园林相关的诗文典故流传不多（评 4~6 分）。

园林本身文化价值较低，也极少有与此园林相关的诗文典故（评 0~3 分）。

③传统格局和历史风貌保存状况（33 分）

A. 周边环境保存状况（共 9 分）

周边环境与始建时完全一致（评 7~9 分）。

周边环境与始建时部分不符（评 4~6 分）。

周边环境与建始时完全不同（评 0~3 分）。

B. 园林格局保存状况（共 12 分）

原有园林格局与始建时完全一致（评 10~12 分）。

原有园林格局与始建时大部分相似（评 7~9 分）。

原有园林格局与始建时变化较大（评 4~6 分）。

原有园林格局大部分改变，仅有局部保留（评 0~3 分）。

C. 园林要素保存状况（共 12 分）

原有园林要素与始建时完全一致（评 10~12 分）。

原有园林要素大部分与始建时一致（评 7~9 分）。

原有园林要素仅有某几项与始建时一致（评 4~6 分）。

原有园林要素除个别遗存外，其他破坏较为严重或不存（评 0~3 分）。

2）分级标准

通过评分标准计算出每处园林的总得分，满分为 100 分。

得分在 75~100 分的，纳入历史名园一级管理范畴。

得分在 50~74 分的，纳入历史名园二级管理范畴。

得分在 25~49 分的，纳入历史名园三级管理范畴。

得分在 25 分以下的，不纳入历史名园管理范畴。

4. 历史名园的确定

依据上述标准，北京在全市 1000 余处历史园林范围内，按照先易后难的原则进行筛选，确定并向社会公布了首批历史名园名录（25 家）：颐和园、北海公园、景山公园、天坛公园、香山公园、圆明园遗址公园、劳动人民文化宫（太庙）、日坛公园、月坛公园、地坛公园、中山公园、八大处公园、宁寿宫花园、故宫御花园、恭王府花园、宋庆龄故居（醇亲王府花园）、郭沫若纪念馆（乐达仁宅园）、淑春园、北京动物园、北京植物园、莲花池公园、什刹海公园、陶然亭公园、玉渊潭公园、紫竹院公园。

上面是北京在确定历史名园时的做法。其他城市在确定历史名园时可以参考和借鉴。

3.3.2　精品公园评定

全国很多城市，如上海、天津、深圳、成都、温州、银川、常州、哈尔滨、泉州等，在评价公园品质时，多参考旅游饭店星级评定的做法，制定星级公园评定标准，包括公园的规划建设、绿地管护、园容卫生、运行管理、安全秩序等几大类若干项标准，明确每项标准的分值，通过专家打分，确定公园的星级。一般将公园的等级划分为五个星级，最高为五星级，最低为一星级。星级越高，表示公园规划设计、建设管理水平越高。

与星级公园评选类似，北京通过制定《精品公园评定标准》DB11/T 670—2009并在每年组织实施精品公园评定对公园的品质进行评价。精品公园评定标准经历了两个版本，第一个版本是2002年启用的，尽管相对简单，但在全国各城市中是率先对公园品质进行评价的标准，早于各城市的星级公园评选。这个版本的标准使用了七年，对推动北京公园的规划、建设、管理服务水平发挥了重要作用。随着工作的推进，精品公园评定流程逐渐清晰，标准内容逐步丰富完善。2009年北京市园林绿化行政主管部门在质监部门的指导下，组织制定出台了《精品公园评定标准》DB11/T 670—2009，这是标准的第二个版本，对这一版标准的执行进一步加强了北京精品公园的评定和复查工作。

以下为两版标准的主要内容：

1.《精品公园标准》（2002版）

（1）有科学合理的公园规划。总体规划应当确定公园的定位，突出主题和特色，规划中要有植物配置和生态完善的专项规划。按照规划设计建设施工，施工质量良好，景观环境一流。

（2）主要游览区绿化养护执行特级标准，非主要游览区应达一级标准，无黄土裸露现象。植物病虫害防治以环保为前提，协调使用化学防治和物理防治方法，努力达到园林植物病虫害的可持续控制，维护园林绿地生态系统平衡和良性循环。公园水体符合观赏标准。

（3）积极贯彻实施住房和城乡建设部《关于加强公园管理的意见》以及《北京市公园条例》《北京市公园风景名胜区安全管理规范》。依法管理；

公园秩序良好；园容清新、整洁、美观；各类建筑物、构筑物外观完好。

（4）设施的设置要充分体现"以人为本"理念，合理布局，与景观相协调，在数量和功能上满足游客的需求。园内牌示完备，文字图形规范，双语对照，无破损现象。无障碍设施要完善，至少有一条闭合无障碍化游览路线可达公园内主要景点。厕所达二星级以上标准，清新整洁。商业网点规范，无广告伞等有碍景观的设施。

（5）有服务规范，服务人员定期培训，佩卡上岗，服装整洁，服务态度端正，语言文明，按照岗位规范优质服务。

（6）无重大游览安全事故和重大游人投诉事件。

（7）开展文明健康、丰富多彩的文化活动和科普宣传，公园管理不断创新，"三个效益"逐年提高。

（8）游人满意率达 90% 以上。

2.《精品公园评定标准》（2009 版）

（1）规划设计与施工

1）公园具有经行政主管部门确认的公园总体规划，公园绿化用地比例按照《公园设计规范》CJJ 48（2016 年该规范已更新为 GB 51192—2016）执行。

2）公园有完整的规划图纸，审批手续齐全；没有规划图纸的或图纸不完善的，应有重新测绘的现状图。

3）公园规模、设置内容、分区布局适宜公园功能需要。景区、景点富有特色。原地形、地貌得到充分利用。公园的规模应在 $1hm^2$ 以上。

4）种植设计符合园内各功能分区的要求，植物配置科学合理，景观优美，重视乡土植物的应用。

5）园路及铺装场地设计合理，符合功能要求，且与总体风格协调。园路的路网密度应符合《公园设计规范》CJJ 48（2016 年该规范已更新为 GB 51192—2016）的要求，园路铺装系统中宜采用透水、透气铺砌形式。

6）建筑及其他设施的设计符合景观和使用功能要求。

7）公园按照设计建设施工，有各项工程竣工图和验收报告，施工质量良好。

8）公园调整、改造、更新项目，符合公园总体规划和《公园设计规范》CJJ 48（2016 年该规范已更新为 GB 51192—2016）的规定，用地变动符合《北京市公园条例》的有关规定。

9）依据规划进行公园的保护建设，并编制公园的保护利用规划，已建成景区、景点保护良好，无随意更改，无乱搭乱建。

10）按照国家和地方有关法律、法规对园内文物予以保护，保护措施明确、有效。

（2）绿化管理

1）公园内绿地养护执行《城市园林绿化养护管理标准》DB11/T 213—2003（现已更新为DB11/T 213—2022）中的特级养护质量标准，达到特级养护水平，由有相应资质的园林绿化企业或公园的专业绿化队伍负责绿地管养、绿化养护责任落实。

2）有全年绿地养护管理工作计划及落实情况报告。

3）园内植物栽植、养护、调整应保持最佳景观状态，无随意砍伐、移植园内植物现象，树木保存率达到98%以上。各类植物生长良好，修剪及时、规范，无枯枝败叶、无缺株现象，绿地清洁，无明显裸露痕迹。植物牌示内容规范。

4）园内植物基本无病虫害。病虫害防治以生物防治方法为主，达到园林植物病虫害的可持续控制。

5）古树名木保护符合《北京市古树名木保护管理条例》各项规定，采取科学、有效保护和复壮措施，设立有效保护范围，古树保护牌示设置规范，古树名木保护率100%。

（3）卫生管理

1）建立卫生管理组织机构及制度，有相对固定的卫生管理人员。

2）公园游览区内园容园貌清新、整洁、美观。卫生工具不外露，无垃圾及杂物堆放，地面整洁干净，无痰迹污物。园容清扫在闭园时间段或夜间进行。

3）园内各类建筑物、构筑物外观完好，墙面无污迹，无乱张贴。各类设施定期清洗，整洁美观。

4）园内厕所室内明亮，无污迹，无破损；便池洁净、无污垢、无堵塞，无异味。

5）果皮箱（垃圾箱）应分类设置，定时清理，箱体内外干净无污迹，无污物外露，垃圾日产日清。

6）园内水体清洁、无异味、无蚊蝇孳生，水面无飘浮杂物，水质达到《地表水环境质量标准》GB 3838—2002中Ⅳ类用水要求，无污水排放到公园湖、池等水体内的现象。

7）公园内设立的无烟区域内无吸烟现象。

8）园内噪声水平达到《声环境质量标准》GB 3096—2008 中规定的Ⅰ类声环境功能区的标准，即昼间噪声排放平均值 ≤ 55dB（A），无噪声扰民的投诉。

（4）设施管理

1）园内设施设置符合《公园设计规范》CJJ 48（2016 年该规范已更新为 GB 51192—2016）的要求，与公园景观相协调，合理布局，在数量和功能上满足游客的需求。

2）园林建筑、园椅、园灯、果皮箱（垃圾箱）、宣传栏和室内装饰物等设施外观完好，功能齐全，构件完整无损。

3）公共厕所的建设达《公园厕所建设标准》DB11/T 190—2003（2016 年该标准已更新为 DB11/T 190—2016）规定的Ⅱ类以上标准，造型、色彩与环境协调，引导标识醒目。厕所设施完好，有使用良好的无障碍厕位。

4）园内导览系统完备。牌示齐全、美观，位置合理，与周围景观协调，用语及文字书写规范，并有中外文对照。公共信息图形符号符合《公共信息图形符号》GB/T 10001 规定。

5）各级园路平整，路面、路沿、台阶、护栏等无缺损。

6）水电设施、管线铺设符合相关行业的规范与要求。布线不影响园容景观，上下水保持通畅，供电、照明正常运转。重视并适时采用节能减排技术。

7）无障碍设施完善，且管理、使用良好，无障碍游览路线可达园内主要景点。

8）园内监控系统的设置应符合《视频安防监控数字录像设备》GB 20815—2006 及北京市相关要求。

9）小卖部、餐饮设施、游乐设施等有序定位，运行正常，色彩常新。无随意设置的广告牌、广告伞等有碍景观的设施。

（5）服务管理

1）园内服务活动服从公园功能的需要，遵守国家的有关法律、法规及北京市有关规定，遵守职业道德，以为游客提供优质服务为宗旨。园内上岗人员培训合格率达 100%。

2）园内游览秩序良好，公园出入口外 50m 范围内及园内无影响正常游园的摆摊设点，无违反规定车辆入园及违章停车，无以盈利为目的的展销活动。

3）园内无游客携带宠物游园，无占卦、算命等封建迷信活动，无发放小广告及擅自兜售物品，无游人损害公共环境秩序及公共财产等不文明行为。

4）园内经营者证照齐全，从业人员按照规定着装、佩证，无强买强卖。商品明码标价，无假冒伪劣商品。各类食具及时消毒，不出售过期、变质食品，食品进货要有台账制度。

5）公园设有咨询点，有提供咨询服务、受理投诉的人员，沟通渠道畅通，咨询、投诉处理及时，记录完善，处理率100%。

6）综合性公园应设立游客服务中心和讲解服务机构，并备有导览指南、电子自动导游机等，讲解人员服务规范。

7）公园每年开展文明、健康、丰富多彩的文化活动。活动组织有序、措施到位，活动期间确保正常的游览秩序，活动结束后1周内恢复原貌。

8）执行政府相关优惠政策。收费公园出售的票种、票价及相关优惠政策应在售票处明示。

9）公园服务人员着装整齐、挂牌上岗、微笑服务、文明用语，能够妥善解决游客投诉，服务周到。

10）游客满意率达90%以上。

（6）安全管理

1）公园安全管理组织机构健全，制度完善，安全工作符合《北京市公园风景名胜区安全管理规范（试行）》的要求。

2）认真执行安保制度。安保人员应通过专业培训并持证上岗。

3）园内各种设施、设备运行良好，无安全隐患，操作人员经过培训，持证上岗。消防器材按规定配置，消防设施完好率100%，消防通道畅通。水上救护人员及设施按规定配置，设施完好率100%。

4）应急预案完善，可操作性强，事故处理及时、妥当，记录准确，档案齐全。

5）园内安全警示标志规范、齐全、完备。

6）公园全年不发生重大安全事故。

（7）档案及资料管理

1）公园档案及资料实行分类管理，有专人负责。

2）各类档案文件齐全，归档规范，按信息化管理要求建立电子档案。

3）公园内具有一定保护价值的文物（含古建筑）应登记、造册、存档。

4）公园的图纸档案应包含以下内容：

①公园总平面现状图；

②公园功能分区图；

③绿化种植现状图；

④地上地下管线现状图（包括上水、下水、电缆、燃气、热力等）；

⑤公园建筑图（包括建筑平面图、立面图、结构图、建筑位置图）；

⑥公园主要景点各类图纸（包括位置、绿化种植现状图、公园测绘图、建筑小品图及照片等）。

5）公园的文字档案应包含以下内容：

①公园规划设计指导思想；

②公园特色说明（包括园艺特色，建筑风格特色，经营项目活动特色等）；

③公园园史及有关资料和照片；

④公园变更情况记载（包括土地占借，绿地改造，建筑新增、拆除及修缮，地下管线敷设等）；

⑤公园上报各类原始台账汇编；

⑥园内所有乔木和大型灌木均有分类普查登记资料；

⑦公园大事记。

6）资料应包括以下内容：

①园内管理制度和记录；

②安全管理制度和记录；

③投诉处理意见记录；

④文化活动组织、实施记录。

通过比较，可以看出两版标准在精细化程度上差异较大，体现出对公园品质的评价在与时俱进，且不断细化完善，越来越具有可操作性。无论是北京的《精品公园评定标准》DB11/T 670—2009 还是有关城市的星级公园评定标准，都应该是动态调整的，随着时代的发展、科技的进步、游客诉求的变化不断推陈出新，最终的目标是使公园在城市生态、宜居、老百姓的幸福指数提高方面发挥最大的效用。

目前政府行业主管部门制定的评定标准是为了引领公园向更高水平发

展而确定的方向和目标,是普适性的,是按照公园管理的最大公约数确定的,是城市公园管理的必经阶段。但实际上,就公园城市而言,城市中的每一座公园都承担着城市赋予它的不同功能和作用,所以它一定是具有个性的。一座好的公园,其发展不必追求面面俱到,而应强调的是个性和对服务对象的适用性,其发展也应是适度的,这样才会更加经济,更符合发展规律。未来对公园品质的评价也会更加精细,更加照顾到个性的发展,这也是公园城市未来努力的方向。

3.3.3 老旧公园评估改造

公园是有生命的城市基础设施,一方面公园就像一部车或一台机器,要使其高效运转,必须时常维护保养,维护保养不到位,公园为城市和社会提供的服务能力就会打折扣,甚至还会出现安全隐患。另一方面随着时代进步和人民生活水平的提高,人们对公园的功能、文化、品质等都会随之有更高的要求。基于上述原因,一些多年前建造的公园越来越难以满足人们日益增长的物质和精神文化需求,功能布局不合理、设施陈旧老化、地域文化缺失、植物景观配置缺乏美感等问题一一出现,因此对公园景观、基础设施及配套服务设施的改造提升就非常必要了。

公园改造不同于新公园规划,不是基础设施的简单维修、维护、更换,也不是推平重建、无序开发建设。城市老旧公园应按照"生态可持续发展"理念进行更新改造,遵循生态性、适宜性、延续性、整体性和形式美原则,建立新建、改造、保护于一体的更新措施,最大限度地利用现状景观资源,较好地保留并延续场地内的地域文脉,凸显公园在城市中的价值,实现生态效益、社会效益和经济效益。

1. 老旧公园定义

老旧公园一般是指建成 10~15 年以上未经过改造提升,设施陈旧,存在一定安全隐患,绿化植被、功能以及景观环境品质需要改善的公园。

2. 调研评估

综合考虑公园类型、规模、历史沿革、特征特色、游客量等因素对老旧公园进行调研,内容包括对场地的勘查、对设备设施的评估、归类整理游客诉求、访谈公园管理者、对公园游客问卷调查与访谈等。

3. 老旧公园存在的共性问题

通过对全国部分城市老旧公园改造内容梳理分析，老旧公园存在如下问题：

（1）景观特色需要提升

在城市的快速发展中，公园数量持续增加，存在公园面貌"千园一面"的情况。有些公园的建设不注重对自然、人文的理解和吸收，不注重对梳山、理水、植物造景的研究。还有些公园为了追求经济利益，增设了一些与公园功能无关的商铺、收费活动场所，造成了不好的社会影响。有些地方的一些具有一定历史价值的老公园，长期忽视公园特色的培育和保护，造成原有历史风貌、特色景观的淡化和消失。

（2）功能定位需要调整

部分老旧公园在规划之初没有从城市规划与区域规划的高度考虑其功能定位。城市的公园规划不成体系，没有完整的公园系统，因此城市中的公园辐射效能发挥不充分。还有部分老旧公园历史较为悠久，文化价值较高，极易产生保留历史记忆与顺应时代发展之间的矛盾。

（3）基础设施陈旧落后

由于老旧公园历史久，游客量大，公园设施被过度使用，且因经费不足而维护不善。公园外部交通不便、停车空间不足；内部道路、地面铺装施工质量不高，年久失修；水、电、气、暖等市政基础设施不完善等，使得游客在使用公园时不方便、不安全。

（4）游憩服务设施不足

随着需求的增加，部分服务设施如座椅、厕所、避雨亭、活动场地等配套设施明显不足；标识不系统；为适应锻炼活动和游览休憩等不同需求，服务设施的布局需要进行适度调整。另外公园游憩设施大部分即使保存完好，其功能也已落后于时代，甚至失去使用功能，少有问津。

（5）普遍存在安全隐忧

老旧公园均存在服务设施更新的需求，如医疗急救点、衣帽架、便民利民和应急等设施。同时随着开放需求的日益增长，大部分老旧公园都将延长开放时间甚至 24 小时开放，公园内的灯光照明、安全防控、标志标识和监控系统等需要更新完善。已规划为防灾公园的老旧公园里，只有少部分设置了较为完善的防灾避难设施，大部分公园都有名无实。

（6）绿化植被需要改善

绿化植被方面的问题较为多样，在缺乏养护、管理的情况下，存在植物生长过密、植株长势弱或者是林下斑秃严重，黄土露天等问题；也有的存在植物品种较为单一，易发生病虫害，同时缺乏季相变化的问题。

4. 老旧公园改造原则

（1）尊重场地，保护利用

老旧公园内的一砖一瓦、一草一木都是公园历史文化的见证，是公园特色的体现及改造更新的基础。因此，尊重场地现状，充分保护与利用园内现有资源应成为老旧公园改造提升的首要原则。对园内具有保留价值的景观构筑物应最大限度地予以保留修缮；拆除或改建不能与未来公园功能相适应且无保留价值的建筑；减少对园内原有植物的破坏。

（2）整体协调，完善设施

公园自成系统，有自己的结构和特征。在满足设计规范及使用要求的前提下，综合考虑整体与局部，对公园进行功能分区调整，提出合理改造、保留及拆除意见。公园的改造首先应全面改造基础设施，地下各类管线在改造中应一步到位，并进行合理预留；景观游憩设施以及公共服务设施应结合公园布局合理配置，应选择耐久性好的材料，延长设施的使用寿命。

（3）以人为本，服务大众

公园改造应体现人文关怀，尊重游客需求。改造提升应综合考虑各类人群的行为习惯和需求，尤其是老年人、儿童以及残障人士等的特殊需求。注重空间尺度营造、便民服务设施提供等细节，使公园改造后真正成为"百姓的第二个家"，全面提升游客的幸福指数。

（4）生态优先，文化并重

全面梳理现状植被资源，运用生态学原理营造景观优美、健康生长且低维护的地带性植物群落，增加公园的整体绿量和生态效益。同时可利用乡土植物凸显公园特色、传承公园文化。在保护的基础上创新，传统与现代融洽衔接，使公园个体环境与城市、区域等整体环境和谐。

（5）前瞻远略，科学发展

老旧公园的改造提升还应反映当今社会环境下的科技、文化特点，反映当代新的审美视角和认知心理。充分运用新材料与新技术，实现生态环保与低碳节能目标，全面践行科学、可持续的发展观。

（6）一园一品，特色突出

老旧公园的改造应充分寻找公园的特色，避免各公园给人以环境雷同的感受。一园一品既可以是特色景观建筑或特色景点，也可以是某类特色观赏植物或是符合公园文化定位的系列主题活动。

5. 老旧公园改造策略

（1）尊重场地文脉，保留场所记忆

进行老旧公园改造时要优先考虑保护场地文脉，一是公园物质形态的保护和保留，包括对园内建筑、古树名木、文物等的保护，新建或更新设施、建筑等应与公园历史文化风貌保持统一协调。二是园林空间关系保留，尽量保留原有场地的肌理、空间氛围。三是原址重建，公园中重要的历史遗存物消失或过度损坏，往往是由于自然灾害、历史原因或人为破坏。四是场地原有文化元素提炼，总结出能代表场地记忆的文化符号，以此来唤起人们的场地记忆。

（2）明确功能定位，增强区位联系

老旧公园在改造时应在市域和区域两个尺度上对公园服务范围、服务内容、服务对象进行价值评估，对公园进行新的功能定位，注重从城市视角看待公园的区位优势与功能，增强城市内绿网的联系性与功能互补性。

（3）调整功能区划，提升场地活力

老旧公园改造在新的功能定位基础上，结合周边住区、办公等环境条件和公园场地特征，调整内部功能区划，通过扩大公园面积或拆除旧的建筑和设施等方式来增加新的活动场地。引入新的活动内容，例如增设儿童活动区、建造植物主题园、承办大型公众社会活动等，丰富活动方式，增加公园吸引力，满足游人的游憩需求。

（4）整改山形水系，完善交通组织

老旧公园改造时，山形水系等布局基本上是在保留原有形态的基础上进行微调。山形整改主要是局部微地形的优化（图 3-14），水系整改主要是通过水体清淤、增强连通性来改善水质，通过加固维修现有驳岸、堆叠景石等方式来提升岸线景观效果（图 3-15）。此外，部分公园可采取沿水体增设栏杆或是在水体中设置二级驳岸的方式保证安全。

交通组织包括出入口与公园节点位置的整改、路网密度与道路等级的调整、停车线路优化等内容。道路体系分级要明确，主次干道采用不同材质，增强道路引导性。在人流集中区域增设人行道路，便于游客穿行。整体来

图 3-14 绿化护坡

图 3-15 自然山石驳岸

图 3-16 园林节水喷灌

图 3-17 太阳能路灯

看，交通组织应考虑以不同交通方式抵达的游客入园的便捷性、园内节点可达性，避免出现路网等级混乱、游人游览时迷路、场地过度拥挤等问题。

（5）更换老旧设施，增设配套设施

对基础设施的改善主要包括给排水系统、灌溉系统、电力系统等，表现为更换维修破损路灯、改善道路状况与照明状况、改造地下管网、优化停车场等。公园应采用喷灌等节水灌溉技术（图 3-16）；照明系统要注重景观与节能，可采用地灯、灯带等多种方式，选用太阳能路灯（图 3-17），减少能耗；适当增设自行车棚、绿荫停车场（图 3-18、图 3-19）；因需可增设应急避难设施如应急指挥中心、应急物资储备设施、应急医疗救护设施、应急供水供电设施、应急厕所、应急标识系统等（图 3-20）。

游憩服务设施着力于各类活动场地、标识系统、座椅、凉亭、卫生间等的安排与更新。如有条件，公园在改造时应开辟独立的儿童活动场地并符合设计要求，鼓励建造具有开拓儿童思维的活动设施，如戏沙池、攀爬架等

图 3-18　自行车棚

图 3-19　绿荫停车场

图 3-20　公园应急避险篷宿区标识

图 3-21　安全且富创意的儿童活动场地

（图 3-21）；标识系统应更加注重引导性、警示性与科普性；老年活动场地应考虑动静分区，可设置棋牌活动区，符合无障碍设计的要求（图 3-22）；形成一定区域的林荫活动广场（图 3-23）、健身场所，增加完善健身设施如健身步道、改善健身场地铺设等。

（6）丰富景观内容，注重生态效益

自然景观内容的丰富体现在绿植品种的丰富、品质的提升两方面，物种引进应重视生态与后期维护成本，更多采用本地物种，注重生态效益。此外，还应注重公园边界的处理，以绿篱构建软质边界代替围墙，在保证公园与城市融合的同时，兼具隔离外部通行人群、汽车尾气、城市粉尘、噪声等作用。人工景观内容体现在亭廊、喷泉等休闲设施与儿童游乐场等游乐设施以及广场等景观节点的更新或增加上。

总之，城市老旧公园改造提升应以尊重公园现状为前提，对公园原有要素进行有机更新，做到新旧共生，在尊重地域特色及历史文脉的前提下，营造出个性特征十足的公园景观空间。在进行城市老旧公园改造时，首先应了解公园与所在城市的关系，分析该公园改造的特殊性，寻求适合公园的改造措施。通过改造提升，实现环境、社会、经济等收益的最大化。自然景观是公园的基础，文化景观是公园的灵魂。只注重自然景观改造的城市公园如同没有灵魂的躯壳，千园一面，不会吸引更多的市民和游览者。要挖掘公园的内涵，找出公园文脉，传承地域文化特色，城市老旧公园才能重获新生，实现可持续发展。

图 3-22　老年棋牌设施　　　　　　　图 3-23　林荫活动广场

3.4　绩效考核

3.4.1　关键指标考核

一般来说，城市公园行业管理架构为市—区—公园三级。每一年度城市园林绿化行政主管部门围绕城市发展的需要和公园工作的重点，通过制定计划、任务部署、现场检查、阶段小结和年终总结等面向各区实施全周期城市公园行业管理。那么，各区公园工作任务完成的质量和效果如何评价？通常做法是建立考核机制。每个城市的考核方式会有差异，以下以北京市为例，介绍一下市级主管部门对各区年度公园行业管理关键指标考核的做法。

1. 考核目的

一是为评估各区公园工作的质量和效果，二是为规范财政专项转移支付资金管理。通过考核结果引导转移支付资金的投入（有市级财政部门相关文件支持）。

2. 考核对象

考核对象为各区园林绿化主管部门，按照干什么考什么的原则，对公园年度重点工作开展情况进行考核，客观公正，科学考量，整体评价各区公园管理水平。

3. 考核实施主体

考核工作由市级园林绿化行政主管部门组织实施。

4. 考核内容

考核内容主要包含 9 项指标（表 3-1）：

公园管理考核指标表　　表 3-1

序号	指标内容	说明	占比（百分制）
1	公园基本发展指标	包括注册公园数量、总面积，人均注册公园面积	15
2	公园精细化管理水平	是否建立完善 " 制度六台账"，积极创建精品公园以及认真圆满完成工作任务	15
3	公园运维资金投入金额与公园实际需求是否相符	是否按照《北京市公园维护管理费用指导标准》，对公园所需运维资金进行核算并拨付，满足公园实际需求	10
4	公园内配套建筑及设施使用是否符合要求	是否落实《北京市公园配套建筑及设施使用管理办法（试行）》，规范公园内配套建筑及设施使用	15
5	老旧公园改造情况	老旧公园改造及资金投入情况	15
6	创新管理模式和管理方法	是否针对管理中存在的问题，通过转变管理理念、制定适用的工作标准、细化工作流程、弥补管理缺陷和漏洞，达到管理质量和管理效能的提升	10
7	信息化技术引入情况	是否引入适用的信息技术手段，将管理信息进行储存、分类、统计、分析，记录管理过程，查找管理问题，固化管理成果	5
8	公园举办文化活动及节假日服务保障情况	是否在节前进行工作安排、节中高质量完成工作任务并报送相关数据、节后进行总结	5
9	公园的诉求办理情况	人大代表建议、政协委员提案、领导批示件、媒体报道及市民投诉等的办理情况	10

5. 考核组织

市级园林绿化行政主管部门成立公园年度考核小组，根据各区工作实际进行年度考核。考核结果作为对各区工作落实情况的评价以及拨付考核资金的重要依据，同时通报各区人民政府，并纳入每年公园事业发展年度报告，呈送市领导。

6. 诚信要求

各区申报的数据及情况务必真实，若发现有数据申报不实，将视情况扣除相应的指标分数，并在全行业通报批评。

按照干什么考什么的原则，上述考核指标会根据当年的工作重点和工作要求进行适度调整，既要保持工作的延续性，也要符合年度工作实际。考核就像一个指挥棒，提倡什么就考什么，哪方面重要就重点考。实践证明，绩效考核是城市园林绿化行政主管部门引领公园行业管理的有效手段。

3.4.2 事业发展报告编制

公园城市的建设使得公园事业发展以前所未有的力度和速度在推进，每年公园数量、质量和为民服务的效能和效果都在发生着变化，城市园林绿化行政主管部门有必要编制公园事业发展年度报告，全面总结和反映一座城市一年中公园的建设管理情况，固化工作成果。下文简要介绍北京市园林绿化行政主管部门自 2011 年开始编制的公园事业发展年度报告。

1. 主要内容

一般包括当年公园建设成果、行业管理成果以及各区事业发展状况比较等。重点和亮点突出体现在：对各区公园建设和管理现状、资金投入、工作督办考核、文化活动举办及服务接待等工作成果的比较，通过饼形图、柱形图、排名等直观的方式，使各区能够清晰了解本区在全市公园事业发展上所处的位置，找到差距，从而加强各项工作推进力度。

2. 提纲

（1）年度全市公园事业发展概况；

（2）年度全市公园规划建设管理成果；

（3）一年中各区公园发展情况比较（主要以柱状图形式分别比较各区公园总面积、人均面积、注册公园数量、精品公园数量、重点公园数量、各区养护费用投入额度、督办情况、接待游客量等）；

（4）分区概述公园事业发展成果；

（5）公园大事记；

（6）附录（全市公园名单及布局图、主要公园名单及布局图、重点公园名单及布局图、精品公园名单及布局图、全年文化活动表）。

3. 编制过程

每年 11 月底或 12 月初，启动编制工作。一是拟定报告提纲，明确素材的来源和责任分工。二是下发通知，要求各区开展全面的工作总结并提供相关材料。三是委托第三方根据当年工作成果制图（例如全市公园布局图，每年都有新增公园，需要新标注）。四是报告的文字稿统筹编写。五是版面设计。

每年公园事业发展年度报告一般会在来年 3 月中下旬召开的年度行业工作会议前编印完成，在会议上下发。在此之前，上报市委、市政府主管领导；分送市相关委办局，比如市发改委、市财政局、市文旅局、市体育局等；送各区主要领导、分管领导，园林绿化部门主要领导、分管领导；下发全市各公园。

4. 各区提交的材料清单

（1）落实《公园维护管理费用指导标准》情况；

（2）公园规划、建设、管理中的重点及亮点工作；

（3）工作中的突破与创新（工作模式、工作方法、技术创新等）；

（4）为游客提供人性化服务的内容及情况；

（5）新、改、扩建公园情况；

（6）新增公园及新评定的精品公园；

（7）本区注册公园年游人量（万人）；

（8）无障碍工作开展情况（为老人、残疾人服务情况及无障碍设施增加情况）；

（9）本区开展的公园管理工作相关研究；

（10）公园对外宣传情况；

（11）培训情况；

（12）本区公园工作大事记。

5. 取得的成效

主管部门 2011 年开始编制年度报告，每年一期，此工作得到了北京市领导的高度关注和肯定，得到了各区的大力支持，超出了编制报告之初的预想：报告成为每年工作的成果库，有利于来年工作在前一年工作基础上提升；在市级园林绿化行政主管部门不直接管理全市各公园人财物的情况下，报告成为推动公园行业管理工作的有力抓手；年度报告也成为工具书，方便市、区、公园各级管理机构查找工作依据，追溯工作路径。

各城市情况不同，是否需要编制公园事业发展报告或怎样编制，应根据自身情况来确定，上面所述北京的做法仅供参考。

3.5 制度建设

3.5.1 公园立法

公园相关的法律法规是公园规划建设和保护管理的依据。目前国家层面还没有一部专门的公园法或法规。全国相当一部分有立法权的城市出台了公园条例或公园管理办法等法规或部门规章。有些城市，如北京、上海、深圳、武汉、厦门、扬州等对公园条例还进行过修订。由于各城市在制定公园法规或法规修订过程中遇到的一些问题是带有共性的，这一小节重点聚焦这些共性问题以及解决思路。

城市公园绿地空间的大幅拓展，不断满足了人民群众的绿色消费需求，提高了老百姓的幸福指数，在提升城市宜居环境、推动生态文明、建设美丽中国之中发挥着重要作用。随着城市的发展和公园城市理念的提出，公园在城市中的重要作用日益凸显，公众对公园应具有多元化功能和更高品质的需求也在不断提升，这对公园规划、建设和管理提出了更高要求。

为适应新时期公园事业健康发展的新要求，国家层面或各有立法权的城市，需要开展公园立法或对现行法规进行修订完善。

1. 立法研究论证的方向

公园立法应以生态优先、惠民为本、保护并重、注重传承为着眼点，在以下几个方面开展研究论证：

（1）功能属性。要明确公园的公共性、公益性，明确各级政府对公园建设、管理的主导地位。

（2）完善体系。统筹城乡公园体系，综合考虑城市公园、乡村公园、湿地公园、郊野公园、森林公园等，扩大调整范围，妥善处理绿地、林地、湿地的关系。

（3）完善制度。确定公园分类分级的管理制度，分而治之，调管并举。

（4）明确职责。合理划分主管部门与管理机构、主管部门与相关部门的职责。理顺执法体制，下放执法权限。

（5）保障机制。建立健全公共财政对公园建设管理的保障机制，根据公园的分类及性质，明确公园管理维护资金的来源及使用。引入市场机制，鼓励民间投资、社会捐赠等。

（6）分类指导。因区施策，分类管理，对公园提出相应的管理目标和措施。

（7）体制探索。开展国家公园体制与城市公园管理的关系研究。

（8）创新理念。探索公园城市建设背景下公园管理服务的新途径。

（9）推动传承。加大对历史名园的保护和文化的传承。

2. 关注的重点问题

（1）明确公园公益性定位

公园是与群众日常生活息息相关的公共产品，是供民众公平享受的绿色福利，属社会公益事业，生态效益、社会效益是其核心价值，但有些城市的公园因公共投入不足，一方面利用公园资源过度开展商业经营活动，另一方面公园配套商业经营中也存在商品定价偏高等不合理现象，从而偏离了公园公益轨道。公园的公益性应通过立法予以确定和规范。

（2）完善公园的空间布局

大多数城市的公园多存在空间布局不合理问题：公园总量不足，尤其是城区内缺少公园，人均指标偏低，布局不够合理，没有实现 500m 服务半径全覆盖，存在服务盲区。城区内公园普遍存在场地拥挤、噪声污染、设施超负荷运转等问题。公园体系不够健全，综合公园和社区公园的分级配套、综合公园与专类公园的功能侧重、城区内外公园绿地的因借互补等问题都需要系统整合。合理布局公园，梳理城市公园体系，提升公园服务功能，需要法规政策的引导。

（3）清晰界定公园的功能

传统意义上公园的功能以观光游览为主。随着社会和经济的发展，公园的功能不断丰富，越来越多的市民已经把"到公园去"视为日常生活的一部分，公园兼具生态服务、精神审美、休闲娱乐、体育锻炼、社区纽带、科教平台的功能，乃至成为城市的名片，成为历史文化传承的载体。有些公园已经开始采取措施，增添功能，以适应市民的需求。公园立法需要界定公园所应提供的功能服务。

（4）鼓励并规范公众参与

公园是市民共同的家，公园事业发展也需要广泛的公众参与。国外经验证明，公园志愿者的志愿服务，有效降低了公园的运行成本、提高了管理水平。有些城市的公园已经建立了长期稳定的志愿者合作模式，并取得了非常好的效果，但大部分公园尚未建立健全公众参与机制。公园立法应规范公众参与的信息公开、参与依据、参与渠道、互动机制、决策模式、志愿者服务、捐赠机制等内容。

（5）公园执法需要明确

目前公园执法主体包括园林绿化、城管、水务以及规划、文物、文旅等部门。随着公园内涵的拓展和管理范围的延伸，相关执法主体和执法权限应予调整规范。此外，执法依据需要明确，执法手段需要扩展和创新。通过公园立法，可以理顺执法主体之间的关系。

3. 立法的基本思路

立足公园保护管理实际，着眼于构建健康完善的公园体系，以为广大人民群众服务为出发点和落脚点，努力形成人与自然和谐发展、城乡一体统筹推进、全民参与共建共享、管理服务优质高效的公园事业发展格局，为公园规划、建设、保护、管理的科学化、规范化、制度化提供法律保障。

4. 立法的基本原则

从解决实际问题出发，力求抓主要矛盾，不求全、不贪多，注重借鉴国际、国内经验和做法，加强部门合作，充分发挥专家作用，引领把握正确方向，融合应用先进理念，增强针对性和可操作性。

5. 立法的主要内容

（1）明确公园定义

为适应公园城市建设发展需要，满足当今公众在使用公园时不断增长的文化、教育、体育、休闲等需求，公园应定义为：公园是指市域范围内具有良好的园林绿化环境，适宜的配套设施，具备改善生态、美化环境、游览观赏、休闲游憩、健身娱乐、传承文化、保护资源、科普教育和应急避险等功能，并向公众开放的场所。

（2）明晰各利益主体之间的关系

梳理确定主管部门与直接管理部门、主管部门与相关政府部门之间的职责；梳理游客与公园相互的权利和义务；进一步理顺执法体制，合理分配执法资源，下放执法权限。

（3）明确法规的适用范围

主要规范城市建设用地范围内的公园。其他公园，如有些城市在集体土地上建设的郊野公园、滨河公园、乡村公园以及以林业资源为基础的森林公园、湿地公园等可以参照执行。

（4）严格执行生态红线及城市绿线管理

城市公园应实行注册登记并通过公园名录进行管理。公园实行严格的生态红线、城市绿线管理，公园的四至范围及边界应向社会公示。

（5）构建完善的公园体系，健全服务设施

结合城市空间环境发展战略，构建数量达标、分布均衡、功能完备、品质优良的公园体系。合理布局大型公园，以适应公园城市建设要求及人口增长带来的公园需求量的增加；按照市民出行 300~500m 见公园绿地的要求，结合城乡环境整治、城中村改造、城乡统筹建设，加大社区公园、小游园、口袋公园（小微公园）的规划建设力度，满足公众就近方便使用公园的需要，同时作为应急避难场所，进一步提升城市公共安全水平；鼓励服务的拓展与提高，推进公园自助导游、刷卡入园、广播系统、文化宣传、安全监控系统、银行自助终端等服务系统建设，加大无障碍设施的建设力度，为特殊群体无障碍游览公园提供便利；鼓励利用现代信息技术，为公众提供全方位的智慧服务。

（6）加强公园设计的科学引导

树立以人为本、尊重科学、顺应自然、低碳环保的公园设计理念，通过设计引导公园建设走节约型、生态型、功能完善型发展道路。防止过度设计。严格控制大广场、大草坪、大水面等，杜绝盲目建造雕塑、小品、灯具造景、过度硬化等高投入的设计和不切实际的"洋"设计；以人为本，不断完善综合功能。新建公园要切实保障其游览观赏、文化娱乐、科普教育、健身交友、调蓄防涝、防灾避险等综合功能，并在公园改造、扩建时不断完善；突出人文内涵和地域风貌，要有机融合历史、文化、艺术、时代特征、民族特色、传统工艺等，突出公园文化艺术内涵和地域特色，避免"千园一面"；生态优先、保护优先，要着力保护自然山体、水体、地形、地貌以及湿地、生物物种等资源和风貌，严禁建造偏离资源保护、雨洪调蓄等目的的人工湿地，严禁盲目挖湖堆山、裁弯取直、筑坝截流、硬质驳岸等；以植物造景为主，以乡土植物、适生植物为主，合理配植乔灌草（地被），做到物种多样、季相丰富、景观优美。

（7）对公园建设提出要求

公园建设应严格控制未经试验大量引进外来植物；严禁违背自然规律和生物特性反季节种植施工、过度密植、过度修剪等。建立公园改造评估机制，适时改造提升老旧公园。鼓励使用绿色照明、清洁能源、雨水收集及中水利用、园林垃圾资源化利用等新技术、新材料、新工艺，不断提升公园品质和功能。

（8）建立公园分类分级管理制度

城市公园实施分类分级管理，根据公园类型等级和功能的不同，在资金投入、管理标准、考核检查等方面制定与之相配套的管理政策，实行差异化管理。

（9）建立严格的历史名园管理制度

历史名园较多的城市，应建立历史名园登录制度，定期公布历史名园名录，制定并实施历史名园保护规划，严格保护、合理利用，减轻目前历史名园过大的游客承载量，充分发挥历史名园文化教育功能，使其作为城市的文化遗产得以传承。

（10）加强对公园配套建筑及设施的使用管理

一是公园配套建筑及设施应当符合公园总体规划，其位置、体量、规模、形式与公园定位及功能相适应。二是严禁在公园内设立为少数人服务的"会所"、高档餐饮等商业经营设施，以及与公园功能无关的经营场所。三是公园管理方不得将公园管理用房改作经营性用房或者出租、出借。四是与公园功能相配套，为游人服务的游客服务中心、餐厅、茶座、咖啡厅、小卖部、游乐等服务设施，应当按照公园总体规划和公园设计方案统一布设，其规模应当与公园定位及游人容量相适应。五是以政府投入为主建设和管理的公园使用配套建筑及设施提供经营服务项目的，应当坚持公益性及为大多数游客服务的宗旨，适合大众消费水平，满足游客在公园游览过程中的消费需求。原则上应以公园自营为主，确需引进的经营服务项目，应采取特许经营或依法采取公开招标等公平竞争方式，确定经营者和合理的经营期限。公园管理方收益应全额上缴同级财政部门，公园所需经费由财政部门按规定拨付。

（11）规范游园管理秩序

一是群众性自发文体活动应在规定区域和时间内开展，须遵守环境噪声及安全管理规定。二是公园管理机构有权禁止游客携带犬类进入公园，对公园内的无主或者养犬人弃养的犬只，公园管理机构应当及时联系相关机构予以收容。

（12）建立公园运营经费保障制度

一是根据公园的分类及性质，明确公园维护管理资金的来源及使用。二是根据公园日常管理质量标准将公园日常管理费用作为公共支出的固定内容列入同级财政预算，保障公园建设成果的巩固及延续。三是在保证公园公益服务前提下，适当引入市场机制，鼓励民间投资、社会捐赠等各种社会资金投入公园的建设和管理。

（13）鼓励公众参与公园的建设管理

在公园的建设和管理中，鼓励通过民意调查、方案公示等方式征求市民意见，最大限度地满足市民的需求。努力形成"公园—社区—志愿者"相互联合、公众与政府互动的管理方式，鼓励社区和志愿者参与公园管理，充分发挥志愿者的"宣传、劝阻、监督、桥梁"作用。

6. 立法意义

公园立法有助于加强公园的保护与管理，实现公园事业的科学、健康、可持续发展。一是有利于完善公园保护管理的法律体系，为公园作为公共资源发挥更大作用提供强有力的法律保障。二是有利于与相关法律法规的衔接。三是有利于理顺公园保护与管理体制，促进公园保护管理的法治化、规范化、科学化。四是有利于公园保护管理职能的有效发挥，巩固公园建设成果，提升公园管理服务水平。

3.5.2　标准体系构建

标准是除法律法规和政策性文件外，公园工作的依据。研究显示，公园所属的我国风景园林行业标准起步较晚，自 20 世纪 80 年代中期才开始制定风景园林技术标准，然而技术标准的制定进程较慢，标准数量也远不能满足风景园林行业发展的需要，因此各地纷纷出台地方标准以指导地方园林绿地建设与管理，并已取得显著成效。

地方标准作为国家标准及行业标准的补充，对国家及行业标准的发展起到了积极的推动作用。就公园行业而言，现有的地方标准远不能满足快速发展的公园事业的需要。公园标准的制定和实施由于缺乏标准体系的必要指导，尚处于"头痛医头，脚痛医脚"的阶段，缺乏系统性和连贯性。目前国内还未有一座城市有一套较为完整的公园建设和管理的标准体系。因此，有必要研究构建公园行业地方标准体系。

1. 构建标准体系的目的

（1）为园林绿化行政主管部门依法行政、科学管理、有效指导工作提供技术保证和支持。

（2）为中长期标准规划的制定以及标准制修订年度计划的编制提供技术依据，避免制修订标准计划的盲目性，保证系统且有序制修订公园标准。

2. 制定标准体系的原则

（1）系统性原则。在全面了解现阶段公园建设和管理现状基础上，从规划建设标准和维护管理标准等两个层次入手，构建标准体系框架，从而使标准体系结构合理、层次清晰。

（2）地方性原则。标准体系是为地方公园建设和管理服务的，应充分反映当地公园建设和管理实际需要和特点，展开体系研究和编制工作。

（3）先进性原则。将对公园事业发展具有重要作用的技术纳入到标准体系中，同时学习和积极采用国家标准、行业标准，吸收借鉴其他省市先进标准。

（4）开放性原则。公园标准体系中的标准名称、内容和数量根据需要适时调整，并随着科技发展而不断更新和充实。

3. 标准体系构建

（1）对公园深入调查研究。选取具有代表性的公园作为试点开展调研工作，访谈公园管理机构相关管理人员，对公园规划、设计、施工、养护和管理等环节中存在的问题进行总结和分析，提出需要制定的标准项目。

（2）广泛借鉴先进省市的地方标准。学习借鉴先进省市有关公园的相关标准，对构建本地区公园标准体系具有一定的参考价值。

（3）学习借鉴风景园林行业相关标准。我国风景园林行业技术标准体系共分四个层级：第一层是风景园林综合标准；第二层是基础标准，包括保护术语标准、分类标准、制图标准和标志标准等；第三层是通用标准，包括城镇园林通用标准、风景园林综合通用标准等；第四层是专用标准，包括城镇园林专用标准、风景园林综合专用标准等。风景园林行业技术标准体系中各层级标准均有涉及公园的内容，这对公园地方标准体系的构建具有十分重要的指导意义。

（4）广泛借鉴相关行业标准。公园建设和管理中涉及许多相关行业，如环境保护、公安消防、城市管理、林业、工商、文旅、文物等，学习借鉴相关行业的标准，如《声环境质量标准》GB 3096—2008、《地表水环境质量标准》GB 3838—2002、《旅游厕所质量要求与评定》GB/T 18973—2022、《商品经营服务质量管理规范》GB/T 16868—2009等，可为公园地方标准体系的建立带来诸多启示。

（5）广泛参考国外相关法律法规。国外一些国家在公园建设和管理方面的先进之处在于其健全的法律制度，如新加坡的《国家公园法令》，其中涉及公园的法律法规就有 14 个，如《公园与树木法令》《公园与树木保护法令》等；日本有《城市公园法》《城市公园法施行令》《城市公园法实施规则》《城市公园等建设紧急措施法》等；英国有《英国皇家公园法》《公园管理法》《公园保护法》《绿带法》《绿地法》等；美国有《国家公园基本法》《历史纪念地保护法》《野生动物保护法以及土地和水资源保护法》《原生自然与风景河流法》《授权法》《国家公园及娱乐法》《国家公园管理局组织法》《国家风景和历史游路法》《国家公园系列管理法》等，这些法律法规可为公园建设和管理相关标准编制提供有益参考。

4. 标准体系框架

公园标准体系可分为三个层次：

（1）第一层基础标准，由术语标准、分类标准和标志标准三部分组成；

（2）第二层规划建设标准，覆盖公园规划和建设两部分内容，包含通用标准和专用标准；

（3）第三层维护管理标准，包含通用标准和专用标准，专用标准又由绿化养护管理、环境卫生管理、设施管理、安全管理、服务管理、文化活动管理、商业管理、文物管理、档案及资料管理等内容组成。

标准体系应按近期、中远期两个阶段实施标准编制，近期需编制的标准按两个方向确定：一是在公园行业管理过程中遇到的普遍存在的问题，亟待通过编制标准来规范某一类工作的。二是公园行业重大课题研究成果转化或前期已提出过工作要求并已付诸实施效果明显的，需要通过制定标准予以成果固化的。其他标准列入中远期编制计划。

公园标准体系的构建将明确公园标准编制的方向和内容，一项项标准的出台，为公园的规划、建设和管理提供制度性保障，是公园事业持续健康发展的基础性工作。

当然，仅有标准是不够的，公园事业的发展还需要法律法规和政策性文件的引导和约束。它们之间既相互联系又有区别，一方面，它们都是公园工作的依据；另一方面，标准一般是推荐性的，供参考，而法律法规和政策文件则带有一定的强制性。

第 4 章

国外经验借鉴

每一个国家在公园管理方面都有其自身特点，都在结合本国实际，经历年实践，总结提炼管理模式，并时常通过创新不断优化，使公园在城市中更具生态价值、人文关怀，让居住在城市的人们因优质的公园体验到城市的宜居。高品质的公园往往是城市的名片，吸引大量外来游客前往打卡，甚至有些公园还成为拉动城市经济的引擎。本章主要介绍美国、英国、加拿大、荷兰、日本、新加坡等国在公园管理方面的做法，受篇幅所限，难以面面俱到，只选择其具有特色的管理方式进行介绍，同时还选择了几个世界名园或有借鉴意义的公园作为案例分享。本章对于国内公园行业从业人员来说或有拓宽思路、开阔视野、学习借鉴的作用，但需要说明的是，因国情不同，不能照搬照抄，否则就会出现"水土不服"的问题。

4.1 美国

4.1.1 美国公园管理

19 世纪中期，以纽约的中央公园为起点，美国各城市纷纷建立大型自然的城市公园，如费城费蒙公园、圣路易森林公园、旧金山金门公园等。到了 19 世纪末，更多的公园被修建，公园和公园系统的演进，是美国城市发展的重要规划理念。今天美国大小城市、州、联邦政府拥有及管理着许多公园及公共开放空间，它们几乎都已经被树木、草地所覆盖，成为市民在喧嚣城市中生活的避难所、大众的娱乐资源，同时为子孙后代创造着景观财富，起着维护生态平衡的作用。下文以美国俄勒冈州波特兰市为例解读美国的公园管理。

波特兰市是俄勒冈州最大、最受欢迎的城市，该市的公园管理在全美是数一数二的，曾被美国国家公园与休闲区管理局授予金牌奖章以肯定和表扬其在公园管理方面的杰出表现（图 4-1、图 4-2）。

图 4-1　波特兰华盛顿公园　　　　　图 4-2　波特兰社区公园

波特兰市面积为 375.78km²，公园绿地面积 46.73km²，占城市面积的 12.4%，包括 209 个公园（占地面积 13.94km²）。

1. 管理机构

波特兰市的公园管理机构为波特兰公园与休闲区管理局，业务分为公园业务和娱乐休憩活动，其使命是维持一个健康的公园系统，使波特兰成为适宜居住、工作和娱乐的城市。

2. 管理依据

波特兰市公园管理依据《波特兰市公园与休闲区管理条例》（简称条例），其中第一章"总则"规定了一些通用的条款，包括定义、议会的职责、政府的职责等。第二章规定了在公园举办活动需要的相关许可证和申请规则，以及举办活动的注意事项。第三章规定了禁止在公园开展的活动和行为。在这一章规定了公园的闭园时间是晚 12 点到早 5 点，闭园期间没有公园园长特别批准不能在公园过夜，规定在紧急情况下市长、公园与休闲区管理局局长和公园园长有权依据相关条款宣布闭园，闭园造成的成本提请市政府承担。第十一章详细规定了街边绿地、公共绿地树木养护办法和树木修剪的相关措施。其余章节是针对不同公园的特别规定，以及已经废除的条款。

3. 公园的公益性

波特兰市对公园的定位中，突出"公益性"特点。条例中明确表示"市政府认为公共空间、公园、休闲区和自然资源"应该是对市民和游客具有吸引力、能够惠及市民的，因此致力于"在全年各个季节为市民和游客提供最丰富的休闲及室外活动机会，为市民和游客创造全州最高质量的生活"。为保护"敏感的土地和资源"，政府限制开发活动的进展速度，并且创立专项基金"Land Bank"，积极增加公园的土地面积。

波特兰市的公园全部免费提供给所有公众公平使用和欣赏。公园建设成本主要由基金承担，运营成本约三分之一来自公园的商业经营收入，其余部分由政府预算支持。

4. 商业经营活动

波特兰允许公园开展商业经营活动，但是对经营的范围、价格的确定、收入的监管等，制定了相关的管理办法予以规范，并且明文规定商业经营活动要接受公众监督。

（1）经营目的

经营目的并非盈利，而是"为公众提供休闲的机会，促进社区的和谐与正能量"。

（2）经营范围

其主要包括：

①儿童教育类：托儿所、幼儿园、儿童兴趣课等。

②老人及少数族群教育类：外语课、健身课、电脑培训、驾驶培训、残疾人特殊教育等。

③其他教育类：亲子活动、家庭课程、安全教育、私教课程等。

④休闲类：儿童夏令营、老年人一日游、残疾人郊游活动、老年人跨省市旅游甚至出国游等。

⑤体育类：各种球类比赛、游泳等。

⑥公益租赁类：向政府机构及非政府组织提供公园场地、体育场馆、教室、设备等租赁服务。

⑦商业租赁类：为生日宴会或婚礼提供场地，或者将桌椅租赁给在自己家里举办活动的市民等。

⑧文艺类：音乐会、文化节、读书俱乐部，以及相关的课程（例如舞蹈课、陶艺课）等。

⑨特许经营：例如游泳馆出售泳衣泳镜的小店、水上乐园的食品店、纪念品小店及零散的自动贩卖机等。

总之，这些商业经营活动的特点是教育类活动为主、文体活动为辅，活动形式丰富，内容贴近公众的生活。商品经营呈现小规模、公益性、低利润的特点。

（3）经营项目定价

对于商业经营活动的定价，政府做出了详细的规定。这些规定主要是基于成本的百分比。例如政府规定针对普通青少年举办的经营活动可以回收成本的 42%，成年人则可达到 63%，而针对低收入市民则分别降低至 23% 和 26%。对于已取得许可证在公园内举办的大规模婚礼和派对，则允许按照 100% 的市场价收费。此外还允许高尔夫球场等少数几个场所按照 100% 的市场价收费，对政府部门提供服务也可以按照 100% 的市场价收费。以威廉埃罗公园管理处（Willamalane Park and Recreation District）为例，它管理波特兰市的 6 个休闲游乐园、37 个公园和公共空间，总计面积达 700 英亩（折合 283hm^2）。这个管理单位专门制订了商业经营项目的收费标准，并通过"成本回收金字塔模型"说明。该模型按照公益程度，将商业经营活动分为五类，针对五类活动分别做出定价标准（图 4-3、表 4-1）：

（4）特许经营的监管

波特兰市政府制定《波特兰市公园内商业特许经营管理办法》，用以规范商业经营活动。其详细规定了公园商业活动需要遵循的各项法律法规、商店的标准、商品的标准、从业者待遇、消防要求、各方权利义务等，内容非常详细。

关于商业经营的规定：有 7 类常规经营履行正常审批手续，不需要特殊审批，包括即时消费的食物和饮品，鲜花、地图、雨伞等杂项，健身与

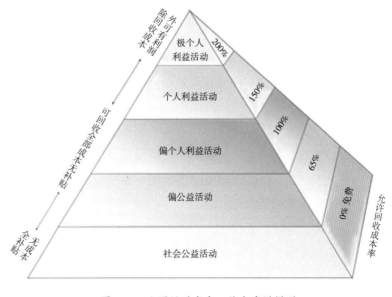

图 4-3　公园活动成本回收金字塔模型

公园活动成本回收模型诠释 表 4-1

类型	特征	允许回收成本率	说明
1 类活动	社区公益活动	0% 免费	非组织性的公园活动
2 类活动	偏公益活动	65%	老年照看中心、托儿所、音乐会、青少年夏令营等
3 类活动	偏个人利益活动	100%	培训课程、娱乐项目等
4 类活动	个人利益活动	150%	成年人体育运动、针对政府或非营利组织的租赁
5 类活动	极个人利益活动	200%	私人培训、旅游、针对商业目的的租赁

培训，音乐表演和销售，体育运动，教育培训，收割种子等。其他种类的经营则需要进行审查，讨论判断其是否适合在公园里经营。

经营的商品只能在规定的小规模店铺售卖、易买易卖且游人容易携带，不能引起道路堵塞，不能引发噪声或污染性气味，周边无类似商品，不能对公园植被设施及活动产生负面影响。

从商业经营角度将公园分为三类：一是有较大水面和硬化路面，周边有很多游人需要购买东西的公园。二是有较大硬化路面，周边有游人需要购买东西的公园。三是其他公园。不同类别的公园所允许经营的规模和数量也有差别。此外，针对商业店面和售卖车的大小、位置，其都设定了上限；对于音乐体育培训等活动，也设定了具体的规范和要求。

5. 噪声污染控制

波特兰市有专门的《噪声管理条例》，噪声管控负责单位是波特兰市邻里关系局。公园对商业经营活动有严格的噪声管理规定，公园中的噪声污染不是很突出。对于公园中易造成噪声污染的吹叶机的使用，其也有规定：3~10 月不能超过 65dB，11~ 次年 2 月不能超过 70dB。公园中偶尔举办的大规模聚会，有可能产生噪声，这种情况，活动举办者需要提前向噪声控制办公室（Noise Control Office）提前申请"噪声许可证"（Noise Permit），并且缴纳不菲的手续费（表 4-2）。

6. 宠物狗入园管理

由于地广人稀、宠物较为普遍，波特兰的公园大多允许宠物狗进入。其中有 33 个公园，狗是可以不用佩戴狗链进入的，其他的公园则要求主人为狗佩戴不超过 8 英尺长的狗链。至于公园是否允许宠物进入，或者公园

噪声活动申请审批费用　　　　　　　　　　　　　　　　　　　　表 4-2

活动类别	正常审批	快速审批
	至少提前 10 个工作日申请	提前不到 10 个工作日申请
机动车赛	第一年 2613 美元，之后每年 850 美元	第一年 5227 美元，之后每年 1701 美元
高噪声活动	366 美元	733 美元
一周的施工	510 美元	681 美元
超过一周的施工	第一周 510 美元，之后每周 170 美元，最高每年不超过 850 美元	第一周 681 美元，之后每周 339 美元，最高每年不超过 1701 美元
噪声评估委员会费用	第一年 2613 美元，之后每年 850 美元	第一年 5227 美元，之后每年 1701 美元
其他收费	如申请发生变更，则视情况缴纳 41~414 美元的变更费	

哪些区域允许宠物进入，由园长来决定。相关信息一般在公园入口处会有标识（图 4-4），在公园网站上也能方便查到相关信息。

携带宠物入园需要遵守相关规定，不能威胁到其他游客的安全。对于宠物入园之后产生的粪便，主人有义务及时清理。园长规定禁止宠物进入的区域，宠物不得入内。不得在公园内遗弃动物，否则会将动物送

图 4-4　公园入口处标识

回，且相关费用由遗弃者承担。违反相关规定的将被处以 150 美元以内的罚款。

7. 机动车及设施使用

机动车不允许入园，除非已经申请并获得了波特兰公园特别活动的许可证，如集体野餐等。任何车辆进入公园都只能在公共道路上行驶，如果需要驶入非公共道路则要办理"汽车通行证"（只限装货和卸货的车辆）。拥有"汽车通行证"的汽车需要把证件放在前挡风玻璃上，并且只能停留在硬化路面上，活动一开始汽车就必须离开。除园长特殊批准外，任何人不得在公园内使用遥控内燃机驱动的车辆、船舶或飞机。在网球场、篮球场、跑道等人们运动的路面，任何人不得使用车辆，包括独轮车、自行车、三轮车、滑板、溜冰鞋、电动或非电动滑板车，但特意为这些车辆设置的体育设施和场所除外，医疗移动设备、儿童推车、婴儿车除外。任何人没有相关许可证时，不得在公园内使用机动车辆、机动轮式车辆、电动轮式装置，专为此目的设置的公园道路和指定停车区除外，授权的紧急服务车辆、医疗用途的电力移动设备除外。授权除外的车辆需要遵守相关规定（包括驾驶速度不能超过每小时 15 英里，遇到有行人的地方不能超过每小时 5 英里，且须及时给行人让路），并且公园就这些车辆的定义做出了明确的规定："电动助力车"遵循 ORS 801.258 的定义；"电动轮椅、代步车、电力椅"的定义为"大小可供一个人坐，坐时脚正好放在脚垫位置上，速度不能超过每小时 20 英里，使用电力作为动力的交通设备"；"代步车"定义为一种具有两个轮子，可以自我平衡，可以转弯，可供一个人站立其上，速度不能超过每小时 20 英里的电动运输装置。

关于公园设施的使用，个人或机构可以在公园里野餐（所有的野餐桌椅都可以免费使用，遵循先到先得的原则，但如果想要预留位置或者需要设置装备，则需要提交申请）。垃圾必须扔到垃圾桶中或者包装好带走。收费的野餐和体育设施可以提前预订。举办婚礼、租用室内游泳池、租用公园或者社区的会议室、舞蹈室、体育馆，以及在公园拍摄电影或者照片，都要提前提交申请，可在专门的网站上申请。禁止在公园内钓鱼或游泳（专门用于该目的的商业经营设施除外）。公园内禁止吸烟或饮用含酒精的饮品。任何人不得在公园内使用弹弓、铅球、铁饼、标枪、高尔夫设备、射箭设备或任何能发射炮弹的装置，专为此目的而设置的娱乐场所等特定区域除外。

8. 公众参与

社区群众的参与在法规制定和公园管理运营中扮演了重要角色，波特兰市政府非常重视社区参与、参与式民主、良善治理，为此制定了《公众参与指南》《公众参与战略计划》《公众参与手册》，形成较为完整可行的政策体系。其政策目标是：积极鼓励公众参与公园政策、预算和相关方案的制定；通过培训，提升公园及休闲区管理局的工作人员发起和管理公众参与的能力；制定统一和协调的方法引导公众参与，并根据情况进行评估。

《公众参与指南》形成了各种参与模式的框架，并对每种模式的适用范围、使用方法、注意事项进行了详细阐述。《公众参与战略计划》明确说明了公众参与的益处和参与程序，介绍了活动如何发起、过程如何执行、过程中各方的责任义务如何分配、信息如何收集、相关文件如何存档等。《公众参与手册》提供了模板和指南，像说明书一样一步步地指导工作人员开展公众参与活动，内容详尽细致，指导性、可操作性很强（图 4-5）。

图 4-5　社区公众参与

9. 公园资金来源

公园资金来源除了政府财政预算和公园的各项收入外，还有一部分来自个人或机构的捐赠。波特兰公园与休闲区管理局根据赞助资金的不同，主要通过以下方式来鼓励和表彰对公园赞助的个人、组织或者企业：写感谢信；通过管理局官方网站等媒体进行宣传；邀请参加新闻发布会、合影、动土或剪彩仪式；市长或者公园管理委员会主任致表彰信；赠纪念物品，如相框或者纪念牌等；通过管理局官方网站或者社区办公室公布赞助商名单；将个人或者公司姓名和商标列在管理局下属社区办公室墙上；在公园内的某一建筑物上列出捐赠者的姓名等。

4.1.2　中央公园案例

美国纽约中央公园（简称中央公园）于 1873 年建成，面积 340hm^2，是美国历史上修建的第一个真正意义上的大型城市公园，也是世界风景园林史上具有里程碑意义的作品。中央公园拥有 2.6 万棵树，275 种鸟类，

60.7hm² 的湖泊和溪流，93.34km 的人行道，9.66km 的机动车道，接近 8.05km 的骑马专用道，30 个网球场，1 个游泳池，2 座动物园。每年吸引游客约 2500 万人次。难能可贵的是，在一个半世纪之后的今天，中央公园不仅没有衰落，反而历久弥新，更具生机和活力（图 4-6~ 图 4-9）。

1. 构建管理基础

中央公园在施工过程中就开始了对市民的培训，以实现对公园的合理使用。通过培训，使市民认识到公园和其他公共空间不同，公园中的所有树木、灌木、花朵都是公有财产，不能被破坏。中央公园在部分建成并对外开放时，制定出台了一系列管理条例，几乎涵盖了公园管理的各个方面。1959 年，其还专门组建了一支以监督为主的中央公园警察队伍，有效遏制了违法违规事件的发生。

2. 满足需求变化

公园管理者对公园游客不断变化的需求保持高度敏感。中央公园各种景观建设和基础设施完善在一个半世纪的时间中从未间断。最早开放的观

图 4-6 中央公园俯瞰

图 4-7 中央公园天际线

图 4-8 中央公园内草地

图 4-9 中央公园秋景

光项目是公园的草坪和马车驾驶项目，接待了 400 万游客。1864 年，羊群被引入中央公园，也就是 20 世纪早期著名的绵羊草地（Sheep Meadow）。1934 年羊群迁出，草地成了人们野餐和享受日光浴的好地方。公园最初建设的露天音乐会场，现在成了著名的戴拉寇特剧院（Delacorte Theater）。中央公园每一处场地调整优化使用功能，都是为适应公园游客的需求变化，与时俱进。

3. 充足稳定的经费保障

20 世纪六七十年代，中央公园陷入了严重的衰退：一方面，公园使用过度而公园维护资金及人员匮乏；另一方面，垃圾、涂鸦、高犯罪等社会问题恶化了公园的环境。为重现公园昔日风采，1980 年，中央公园管理委员会成立并开始复兴中央公园。一是实施了总计 5000 万美元的复兴计划，对公园内重要的景观进行恢复和改造，对涂鸦进行清除；警察加强巡逻，有效打击和控制了犯罪，使公园焕发了新的活力。二是中央公园管理委员会与纽约市政府签订管理合约，承担 85% 以上的运营预算，这些资金大多来自个人、公司和基金会捐赠，加上纽约市政府的公共资金，中央公园管理委员会累计在公园投入超过 10 亿美元，并负担公园每年 8000 万美元的运营预算。此举也开创了城市公园运营公私合作的先河，成为全球城市公园效仿的典范。

4. 可靠专业的工作人员

从中央公园早期设计建设管理到中期衰落后的复兴以及现今可持续的健康经营，实践证明，良好的公园管理取决于可靠专业的人员。如果公园管理人员不专业不可靠，公园管理无法取得良好的管理效果。即便是最优秀的员工也需要监督和持续的培训。中央公园的管理方式是将公园分为若干区块，然后向各区块指派全权负责人，这种方式大大提高了公园管理人员的可靠度和责任感。

150 年来，中央公园的边界从未被侵蚀，它持续为公众提供游憩和公共生活场所，同时它也是曼哈顿的"绿肺"，起着自然生态保护区和天然调节器的功能，是城市中各种野生动物的栖息地。中央公园以其独特的品质成为纽约重要的旅游资源，吸引来自世界各地的游客，它是纽约这座城市的标志，也是激发纽约这座城市活力的引擎。

4.2 加拿大

4.2.1 加拿大公园管理

加拿大城市公园系统与美国类似,追求多元的园林文化,注重利用山水原貌,构筑城市的自然生态景观,为拥挤的城市中心带来生机和人文乐趣。加拿大曾被联合国评为"世界上第一个最适宜居住的国家"。

1. 城市公园管理规划完备

一是规划内容全面。城市公园管理规划涵盖内容多,具有综合性、整体性。规划的编制和实施涉及公园设计、开发、操作、运营等实体机构和众多城市建设部门,包括公共服务部、资产管理和公共建设工程部、计划与发展部、交通运输部、综合服务部等。二是规划具有持续性、延续性、指导性特点。规划期10年,为公园的土地征用、设计、建设、维护、保存、使用指明战略方向,同时也为社区、城市、学校设施用地设计明确方向。规划为城市及发展伙伴(包括非营利的社会组织、开发商等)确定公园绿地管理原则,引导未来公园决策的制定。三是规划目标明确。即为公园体系提供架构,引导决策,制定公园管理规则,如准则、标准等。

2. 规划的有效实施

在重视生态环境的前提下,有效实施规划:一是注重以人为本。体现人文关怀,吸引公众参与,满足市民差异化需求。二是在继承中发展个性化风格。在景点处理、树种选择等方面,根据当地的气候等实际情况,突出地方特点,加强对当地历史文化的保护。三是为城市园林绿化未来发展留足空间。

3. 园林绿化设计以生态优先

城市园林绿化设计追求生态优先,简约自然。总体设计以植物造景为主,植物造景又以模拟和恢复当地植物群落景观为目的,在设计上坚持以自然为主,突出乡野气息,充分利用山与水的自然优势,构筑城市自然生态景观,尽可能减少因设计对生态造成的影响。突出自然的设计理念,让城市居民可以呼吸到带有自然温度和湿度的空气，可以看到大自然的高山流水、沼泽丛林，营造人与自然和谐的关系。

4. 近自然化实施绿地养护

城市园林绿地养护管理，提倡近自然经营的管理原则和分级分类的管理方法。园林绿地养护管理中充分体现近自然经营理念，大型公园中的部分区域采用封闭管理，以逐渐培养当地植物、动物生态系统，公园中大面积使用自然野生地被，采用园林化管理。依据绿地的乔灌比、植物种类、数量等，将绿地划分为不同的等级，采用差异化、有针对性的养护管理方式，目的是充分利用有限的资源，使绿地建设和养护管理能够健康全面地发展。

4.2.2　布查特花园案例

布查特花园位于加拿大温哥华维多利亚岛北边约 21km 处，始建于 1904 年，占地面积约 22hm^2，主要由下沉花园、玫瑰花园、日本花园、星池、意大利花园、地中海花园等专题花园组成，全园共种植了 700 余种来自世界各地的植物。布查特花园以生态修复的建园理念、高超的造园艺术、精细化的养护管理成为加拿大最具国际知名度的花园，也是世界上最美丽的十大花园之一（图 4-10、图 4-11）。

1. 因地制宜，打造世界花园

布查特花园在规划的基础上，充分利用废弃矿场的原有地形地貌，适当改造，突出打造世界花园文化，将世界上不同风格的花园种植模式有机结合，形成自身特色，并注重花园的可持续发展，对花园的规划、

图 4-10　布查特花园门区　　　　　　图 4-11　布查特花园中的下沉花园

种植、管理有长远目标，并坚持百年不变，做到长、中、短目标相统一，按照花园建设的基本规律建设管理，充分利用当代园艺最新成果提升花园质量。

2. 植物观赏与活动结合，打造持久吸引力

突出不同季节花园中各种园艺植物的观赏特征，与活动结合，如春季的郁金香球茎展与春游的结合，夏季玫瑰展与婚礼、室外音乐会的结合，冬季的观果节与圣诞节庆活动的结合等，游客在不同季节、不同时段来园都有不同的体验和感受，布查特花园对游客形成了持久吸引力。

3. 目标统一，持续提升花园品质

坚持花园规划方向，持续建设。1905年建造布查特花园中的第一个园子——日本园，1929年建造了意大利花园和玫瑰园，后来，又根据整体风格需要，建造了其他几个园子，最终形成了22hm²的花卉世界，并能为游客提供精美下午茶和多样的餐饮服务。布查特花园在规划中注重花园营造的科学理念、不同植物的生长规律与花园展示的时空效果，绵延百年，形成世人难以在短期内复制的景观胜境。

4. 专业的事，交给专业的人

布查特花园的规划、设计、管理都是由不同专业人员完成的。如1905年，日本园的建造由一个日本景观设计师负责，保证了布查特花园的质量和文化特征。布查特花园的日常养护管理也是由专业园艺师负责，做到了每种花卉都能以最佳的观赏效果展示给游客。布查特花园的运营采用现代企业管理模式，做到了所有者和经营者分离，取得了良好的运营效果。

5. 目标客户和定价机制

布查特花园经过百年运营，明确了目标客户群和适宜的定价机制。其目标客户群既有当地游客，也有来自全球其他地区的游客，针对不同的游客设计了不同的观赏内容和旅游产品，并制定了门票价格体系，即针对不同年龄层、不同季节，针对个人或团队的不同门票价格，使每类游客在参与不同的观赏项目后都感觉物有所值，从而收获良好的信誉口碑，吸引更多的回头客。

4.3 英国

4.3.1 英国公园管理

英国有为数众多的城市公园，既有海德公园、摄政公园、圣·詹姆斯公园等英国皇家的历史园林，又有伦敦奥林匹克公园、空中花园等现代公园，有以举办花卉展著称的切尔西花园、韦斯利植物园，也有以矿山恢复为特色的伊甸园。

英国公园非常注重绿色景观的营造，植物种植突出高大的乔木和开阔的草坪，灌木所占的比例很小，乔木中色叶树很多，因此秋季景观富有层次；园中的建筑不多，设施简朴而耐用，充分体现为民众亲近自然、休闲、娱乐、健身提供便利的功能，强调公共性和开放性。

1. 公园管理体制

英国针对公园的管理机构比较多，但各有分工。城市公园由地方政府实施管理，城市外围的森林及国家公园由英国林委会管理。此外，英国国家信托基金、历史园林彩票基金、遗产保护委员会、国家公园管理委员会等对其所拥有土地上的公园以及出资在各地公园中实施的项目进行管理。

尽管公园多头管理，但这些管理机构的管理目标是一致的，即对环境进行修复、维护、提升以及为公众提供休闲、娱乐、健身等服务。在管理内容和管理方式上，这些机构是通过一定的机制，以充分发挥公园功能和赢得公众满意与支持为目标，多方经常性地沟通，达成共识，共同推动公园的有效管理。

2. 公园的法规标准

英国公园管理涉及的法规和标准主要有《森林法》《公园管理法》《绿旗奖评估标准》等。其中《绿旗奖评估标准》对于引领英国公园的高品质发展起到了积极的推动作用。该标准包括八个方面的内容，即：受公众欢迎、健康安全、空间干净整洁、可持续发展、保护与传承、满足社区需求、良好的经营策略、健全的管理制度等。其中每一方面都有非常详细的规定。英国的任何公园或绿色开放空间都可申请绿旗奖，绿旗奖评估机构会根据每年的申请，组织专业人员依据《绿旗奖评估标准》进行评估，公园或绿色开放空间一旦通过评估，将被准许在显著位置悬挂一面绿旗，这是对具有较高运营和管理水平的公园和绿色开放空间的表彰。

3. 资金投入

英国公园的运营资金来自于政府、国家信托基金、遗产保护委员会、历史园林彩票公益金、会员会费、营利项目等。公园每年的维护养护资金无统一标准，不同的公园每年根据自身的特点和运营情况列出预算，由专业人员进行核定。相关非营利组织的资金可按项目申请，针对项目奖金的申请和使用有一套严格的审查程序。

4. 公园管理特点

（1）大树形成景观

公园中树与树的间距很大，每棵树都有充分的生长空间，树干粗而笔直，树冠大而丰满，每一棵树都是一处景观。这些树都是由小树慢慢长成，其间，公园管理方对树木的生长情况进行跟踪、诊断、采取措施以确保其健康（图4-12、图4-13）。

（2）设施简朴耐用

所有公园的座椅、牌示、垃圾桶等设施都较类似，比如座椅的式样和材质几乎是一样的，公园的导游图也如出一辙，这些设施置放的位置十分讲究，不会影响到周围的景观。设施本身不承担景观功能而突出的是其服务功能，不需要其醒目而富有特色，设施不会给人们带来过多的视觉冲击，不会干扰人们融入自然，享受美景（图4-14）。

（3）公园设计助力公园管理

英国有些公园为解决轮滑运动给座椅、路牙带来的损坏，在座椅上设

图4-12 圣·詹姆斯公园大树景观　　　图4-13 海德公园大树景观

图 4-14　英国公园中的座椅、导游图以及垃圾桶

图 4-15　伦敦市政厅公园座椅上
安装了滚珠

图 4-16　伦敦市政厅公园路牙
留有缝隙

计嵌入了光滑的滚珠（图 4-15），路牙中间留有缝隙（图 4-16），这样既不影响景观和使用功能，又解决了管理问题。这也说明，公园管理上可能出现的问题是可以通过好的设计给予解决的。

（4）公园出售的小礼品各有特色

英国每一处公园和景点几乎都至少有一个礼品店（Gift Shop），有些还颇具规模，这些礼品店出售的商品绝大多数都与所在公园的植物、动物或历史文化相关，价格不高，但很有纪念意义。比如：英国皇家植物园——邱园有通过特殊工艺用鲜花做成的手镯、项链、耳钉等首饰；伊甸园有自主商标的服装；湖区国家公园有彼德兔系列小礼品等（图 4-17）。

4.3.2　海德公园案例

英国海德公园占地 139.9hm^2，内有 11.3hm^2 的九曲湖。东侧是白金汉宫，即英国君主的寝宫和办公地点；西侧连接肯辛顿公园，即王室宫殿肯

图 4-17　英国城市公园中的礼品店

辛顿宫的御花园。海德公园是两座皇家宫殿之间的城市开放空间和绿色廊道，它是伦敦最大且知名度最高的历史园林，不仅保留了众多历史遗存，继承了举办大型活动的历史传统，也是伦敦市民休闲文娱活动的重要公共开放空间（图 4-18、图 4-19）。

1. 依规划发展

在伦敦相关发展规划中，海德公园被认定为都市开敞地。针对都市开敞地的规划要求是保护区域的景观风貌、科学价值和自然特征，控制其开发或者对其完整性造成负面影响的行为。但作为城市中有组织娱乐活动的场所而言，历史园林内通常缺少相应的公共服务设施，可以结合公园特点，适度开发，维持和提升公园开放的景观特质、遗产价值、自然保护价值以及作为开放空间的价值。海德公园历史上有举办大型活动的传统，因此也

图 4-18　海德公园内道路与草地

图 4-19　海德公园内自行车道

明确了其在发展上可以作为承载大型活动的公共开放空间。

2. 完善的管理机构

英国对海德公园这类历史园林的保护和利用是非常重视的，有管理职责的机构包括英国文化媒体和体育部、历史园林委员会、英国遗产委员会等。英国文化媒体和体育部负责保护和提升英国文化和艺术遗产价值，它是负责英国历史园林相关事务的机构。历史园林委员会是文化媒体和体育部的下属部门，其职责是有效管理历史园林，平衡保护与发展的关系，通过政策的施行优化提升英国环境，促进市民自发参与公园中的休闲、娱乐、体育、教育等活动，提高历史园林的公共参与度。英国遗产委员会是负责英国历史建筑和具有考古价值地点的监管和维护机构，它同时为参与维护、保护的相关部门和机构提供政策建议及资金支持，受文化媒体和体育部直接管辖。地方政府则直接管理、监督和协调各种遗产保护工作。此外，英国还有许多致力于历史园林保护与利用的组织，如英国注册园林历史协会等。

3. 先进的管理措施

历史园林委员会作为主管部门，管理过程中非常注重通过"自上而下"和"自下而上"的方式，统筹协调不同利益团体达成共识：一是在与组织机构、社会团体、研究机构等的协调合作、定期制作年度发展报告、制定管理规定以及组织公众参与公园管理等方面发挥着重要作用。二是依据公园使用者反馈调查，其不断调整公园的发展方向，比如与相关组织机构合作提升公园景观，维持公园生物多样性和保证康乐设施的完备。又如其制定并借助专门网站发布一系列规定和报告，涉及商业、员工、政策、使用者调查、经营等，内容十分翔实。

4. 公众参与

海德公园作为历史园林，其重要的发展方向和内容往往取决于公园使用者。海德公园借助每年举办两次利益相关者会议以及通过"公园中会面"的活动，主动征求公园使用者的意见与建议。通过采用专用的邮件地址与公园使用者进行沟通，确保更多问题得到及时回复。充分利用推特和脸书等社交平台进行宣传，在专门网站上发布相关信息。通过沟通与交流，使公园使用者的公众意识不断提升，使公园遇到的问题得到有效解决，如海德公园老式足球场的管理问题、公园内是否允许开展商业的轮滑教学问题等。

5. 游客满意度评价

海德公园目前的管理状态以及承载的功能得到了绝大多数公园使用者的高度肯定，根据相关社会调查显示，海德公园在公园使用者满意度、公园使用者需求、单次公园内游憩时间等指标上的得分均高于英国历史园林得分的均值，是最受伦敦市民欢迎的历史园林。海德公园因其适合人们安静与放松、散步以及呼吸新鲜空气而吸引市民前往休闲游憩，超半数的使用者单次游园在 1~3h 之间，只有 16% 的使用者少于 30min。从公园使用功能、丰富的活动类型和使用者反馈的角度而言，海德公园是伦敦历史园林中口碑好、评价高的园林，也是伦敦市民生活所需、不可或缺的城市活力承载地。

6. 城市发展引擎

作为伦敦市中心最大的公园，海德公园利用丰富的场地，全年举办各类活动，包括各种节庆、体育赛事、大型演出、艺术展览等。每年举办冬季嘉年华（图 4-20），持续 45 天，园内安排有游乐场、圣诞演出、圣诞集市、各国美食，是欧洲最盛大的圣诞活动之一；海德公园举办各种各样的体育赛事，其中铁人三项赛是金字招牌，主场地设在九曲湖及其沿线；海德公园作为公共空间，承载艺术展示的功能，如世界知名艺术家作品在园内展出，成为艺术打卡地；滚石乐队、皇后乐队等知名摇滚乐队都曾在海德公园举办过演出，公园的音乐传统延续至今，既有古典风格的公园逍遥音乐节，也有英国夏令时音乐节等演出（图 4-21），海德公园成为音乐迷的圣地。海德公园周围还聚集了众多高规格的文化设施，包括皇家阿尔伯特音乐厅、英国自然历史博物馆等。海德公园因其具有皇家园林身份，全年各类活动持续引流，每年迎来逾千万名游客，强力拉动城市经济。人文与自然的双重属性，使海德公园不断为城市赋能，成为名副其实的城市发展引擎。

图 4-20　海德公园冬季嘉年华　　　图 4-21　海德公园夏令时音乐节

4.4　荷兰

4.4.1　荷兰公园管理

1. 公园管理机构及职责

荷兰城市公园绿地的负责机构及职责如下：农业部负责制定国家规划纲要，从 2000 年开始向大城市提供财政资助；国家森林服务局负责 20 万 hm^2 自然区域的维护；各省（区域政府）负责制定城镇和乡村规划纲要；市政府负责对公园、小绿地、行道树等城市绿地维护。市政府对城市绿地的管理有两种模式：一是部门型。即政策与执行分离，市秘书处负责起草政策性文件，相关部门（包括公园与公共花园部、公共事务部、运动与休闲部）负责政策执行。各城市不尽相同，部分城市绿地归体育游乐部管理，部分归卫生保洁部管理。二是分区型。即政策与实施相结合，负责实施的多个部门相互配合，一个城市分成几个区，各区设办公室，由发展部、管理部、实施部等方面的人员组成，共同对分管区域负责。

2. 公园定位

在荷兰，由草地、树木、花卉、水体组成的公园，追求生态价值最大化，规模较大公园想方设法增加"绿量"，街区小公园绿地讲究花园化，追求植物种类多、四季常绿、全年有花。荷兰制定了"自然规划方针"，保护生物多样性。强调园林景观与自然风景相互衬托，缩小零散景观，完成生态系统的框架（中心区域和回廊连接体系）构建。通过新的公园建设和更新城市的绿色廊道，加强城市和自然景观之间的相互联系。通过绿心、绿带和生态廊道建设形成国家生态网。

3. 公园绿地管理模式

荷兰城市公园绿地管理的模式一直处在不断优化的过程，即评估、认识、改进的过程。具体来说：第一是策划。通过策划设定目标、指标和质量标准。第二是公园设计（包括选址）、建设、维护。第三是评估。对实际使用情况进行评估，判断实现的功能是否达到目标要求。第四是未达目标要求的重建，达到目标要求的就进入维护、评估、改建的循环，类似 PDCA

的循环。在上述过程中需要开展游客调查，了解游客需求，评估公园功能是否满足游客需求，进而制定公园的建设管理策略。

4.4.2 库肯霍夫公园案例

库肯霍夫公园位于荷兰阿姆斯特丹利兹小镇，占地 32hm²，拥有"欧洲花园"之称。库克霍夫公园在 15 世纪时原是一位伯爵夫人的狩猎场，因她在后院种植药草、香料等烹调食用的植物，故而将这里命名为"Keukenhof"，即荷兰文中厨房和花园的合称。1830 年，库肯霍夫公园的景观设计还是英式的自然园林风格，直到 1949 年一群园艺专家将其规划成一个花卉公园。至今，它已成为国际知名的花园典范，是民众来荷兰赏花的热门观光景点。每年 3~6 月，这个世界上最大的以郁金香著称的花园会举办盛大的郁金香花展（图 4–22、图 4–23）。

1. 主题突出

公园每年招募优秀的设计团队，以郁金香为花卉主材，确定一个主题，打造精美的春季花园。比如 2016 年主题为"金色年代"，2017 年主题为"荷兰设计"，2018 年主题为"花之浪漫"等。

2. 分区明确

公园的花卉展示区、室内展览区、儿童活动区、餐饮购物区散点式分布在疏林草地花丛中。园中所有地形、水体、建筑与小品等都服从服务于郁金香这一主角。公园整体的景观设计以英式的风格为主，蜿蜒的林径、幽静的水池、百年的参天大树、奇特的花灌木、碧绿的草坪等成为一丛丛、一簇簇、大色块郁金香的绿色基底。

图 4–22　库肯霍夫公园草坪上的郁金香组合

图 4–23　库肯霍夫公园滨水景观

3. 园艺水平高

公园各种花卉达 600 余万株，有许多稀有的品种。郁金香的品种、数量、质量以及布置手法堪称"世界之最"。郁金香鳞茎球需要在土壤下休眠半年，翌年 3 月才能绽放出美丽的花朵。公园的全部鲜花由近百家供应商提供，并且全部手工种植且技术要求极高。

4.5　日本

由于日本是自然灾害频发的国家，日本公园突出的特点是在公园系统构建及公园功能建设中充分考虑防灾和应急避险的需要，有些做法值得借鉴，这里作重点介绍。

据相关资料统计，全世界每年所发生的里氏 6 级以上地震，有 20% 发生在日本。日本的城市公园在历次灾害中都发挥了应急避险的重要作用。1923 年关东大地震发生，当时东京市内总人口 244 万，其中 70% 以上的市民因在学校、公园等公共空间避险而幸存下来。这次地震的惨痛教训，使日本开始把合理建设城市公园作为防震减灾的基本对策之一。

1956 年，日本颁布《城市公园法》，对城市公园的设置、分类、面积、绿地率、服务半径等指标都作了详细规定，使得城市公园的设置和分布趋于合理均匀，保证了日本人均占有公园面积达到较高水平。

1972 年，日本开始实施"建设城市公园规划"，至今已经实施了 6 个"建设城市公园规划"。每个规划都提出要加强城市防灾结构，扩大城市公园绿地面积，将城市公园建成保护居民生命财产的避险地等。

1973 年，日本在《城市绿地保全法》中，将城市公园纳入"防灾系统"。

1993 年，日本修改《城市公园实施令》，首次将灾时用作避险场所和避险通道的城市公园称为防灾公园，同时明确了防灾公园的位置，并把公园确定为"紧急救灾对策必需的设施",要求在公园中增加粮食和医药品的储备仓库、耐震性贮水槽、放送设备、停机坪等设施。

1995年,阪神大地震发生后,神户市1250处公园在救灾方面又一次显示了巨大作用,而且提供了许多关于建设防灾公园的有益启示,使日本进一步提高了对城市公园防灾功能的认识。

1998年日本制定了《防灾公园计划和指导方针》,就防灾公园的定义、功能、设置标准以及有关设施等作了更为详细的规定。

1999年出版的《防灾公园规划·设计指南》,将防灾公园按规模分为6类(图4-24):(1)具有广域避灾据点功能的城市公园;(2)具有广域避灾场所功能的城市公园;(3)具有紧急避灾功能的城市公园;(4)具有避灾通道功能的城市绿地;(5)具有隔断城镇区域与石油化工厂等功能的缓冲绿地;(6)附近的具有避灾活动据点功能的城市公园。

2000年出版的《防灾公园技术便览》,全面论述了防灾公园的规划、设计与建设相关问题,至此,日本防灾公园的建设已经相当完善。特别值得一提的是,日本防灾公园的相关设施,除了具备一般的应急避险功能外,还兼有游戏、休闲、运动等功能。一般防灾公园中的防灾设施主要分为公园防灾设施和其他防灾设施。公园防灾设施又可分为园路广场设施、水设施、植栽、应急厕所、照明设施、信息情报设施、储备设施和管理设施等。

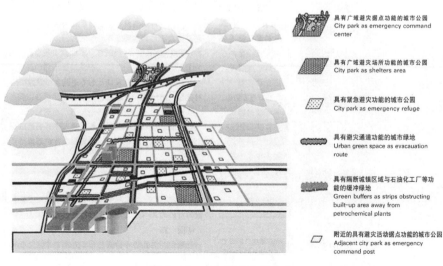

图4-24 日本防灾公园体系

其他防灾设施分为休养设施、修景设施、游戏设施、运动设施、教养设施、便利设施、管理设施以及其他设施。另外，对于避险区域范围也有详细规定：具有广域避险功能的城市公园为 2000m；具有一次避险地功能的城市公园为 1000m；近邻公园为 500m；具有临近防灾活动据点功能的街区公园等为 250m。

政府在财政方面对建设防灾公园给予支持。地方建设防灾公园可以从中央政府获得补助资金，其中包括 1/3 的土地征用费，1/2 的设施建设费等。政府设置统一的、易识别的"避险场所指示标志"。

防灾设施、避险场所的保护和管理要求极其严格。以防灾公园为例，防灾公园内有紧急水管深埋地下，在灾害时期运行，还有临时净水装置，净化蓄水槽和水池里的水可供避险居民使用。临时厕所设在公园的道路边或空地，配有雨水收集和循环系统。

防灾公园内备有小型发电机、食品、日用品仓库。防灾公园的建筑可以架设电信通信设施，成为临时指挥中心。日本民众时刻被告知，遇到灾难时赶紧到最近的防灾公园避险。全国统一的避险场所标志简明醒目，为人们指示了准确的地点（图 4-25）。

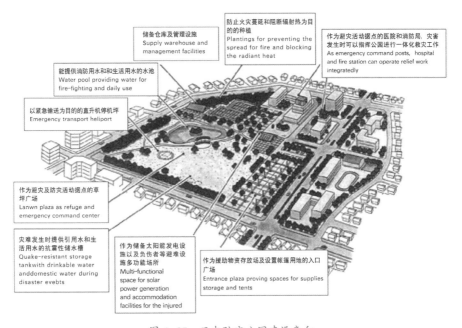

图 4-25　日本防灾公园建设意向

在日本，除了公园、广场和指定的空地等露天避险场所外，还有体育馆、文化中心、幼儿园、小学和中学等场所因建设时抗震设防标准高而肩负应急避险责任。

阪神大地震后，日本造园学会组织了大规模的实地调查，并提出公园在建设时应关注的问题：

（1）城市公园的种类和面积根据灾后时序不同而发挥不同作用

震灾后在城市公园绿地的使用中，接近居民的街区公园及邻里公园等规模较小的公园作为避险场所得到较多的利用，居民希望在靠近自己家园的公园里避险。灾后使用的城市公园的种类与面积，随着灾后时间的变化和使用目的的变化而有所不同（图4-26）。总的来看，规模很小的靠近住宅的公园（类似于我国的社区公园或街头绿地）等小型绿地被用作震后的紧急避险场所。其后的避险场所则选择规模稍大的街区公园、邻里公园及地区公园（相当于我国的区域性综合公园）等，而这些公园随后成为救援、堆场或临时搭建帐篷的场地。再往后，综合公园（如同我国的全市性综合公园）则被作为救援基地。

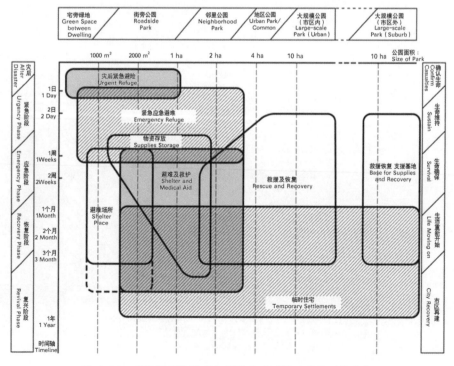

图4-26　不同规模的城市公园在灾后不同时段的功能变化

（2）城市公园的合理配置

阪神大地震中，由于高速公路和铁道被破坏、建筑物的倒塌等引起街道和道路的阻塞，妨碍了人们从家到避险场所和防灾绿地的转移。结果看到，灾民不得不到最近的小绿地或街区公园避险。这说明城市应当进一步增设公园，特别是离居住区较近的小公园、小游园，同时也要将抗震设防高的学校、体育馆以及其他公共设施连同城市公园一并纳入防灾体系中予以考虑。

（3）确保公园可达性

有必要制定道路建设计划，以确保灾时能够安全通往城市公园避险。

（4）多种绿地有必要形成网络

在这次的调查中发现，树木对减灾的效果非常明显，因此，科学选择树种，并确保树木生长的空间是提升城市防灾能力的重要手段。应在城市公园以及住宅庭院、企业、河川绿地、街道、绿道、校园、公共设施等用地中增加孕育树木生长的各种绿地空间，并且互相连接形成网络。

（5）公园的入口和广场的状态

公园出入口的尺度、不设台阶以及相关设施的无障碍设计等都是避险场所设计时需要注意的问题。此外，作为避险地的公园，内部的广场是不可缺少的，公园内植物材料的配置与栽培管理也应该在设计时予以考虑。

（6）设施设计

为了使设施倒塌产生的二次灾害减少到最小，在构造设计上要兼顾基础工程的稳固和上部结构的平衡。不过度配置设施。公园内也需要有一些电源设备、储水设备等相关设施。

（7）公园邻接地处理

要防止建筑物向公园一侧的倒塌，以保证公园的可达性，例如，将邻接地的围障绿篱化，控制邻接地建筑的高度，建筑后退到红线外等。

（8）加强公众到公园避险的意识

应使公园在平时就"深入"到人们的生活当中，让人们了解公园，了解公园的避险功能，紧急情况下能够用得上。

（9）公园平灾转换问题的研究

一方面要研究公园由平时向灾时功能迅速转换的问题，另一方面还需要研究公园由灾时向平时恢复过程的问题。

4.6 新加坡

4.6.1 新加坡公园管理

总体而言，新加坡公园管理的特点是多样化发展。有的公园和保护区被严格保护，更多是发挥其公益性、教育性的功能；而有的公园，例如滨海湾花园，在保护环境的同时允许商业开发，为市民提供婚礼、公司年会等活动场地，并建有温室大棚作为旅游景点，带动旅游产业发展。

1. 透明的财务管理

新加坡公园董事会的年度报告提供了丰富翔实的数据，使公众可以深入了解其一年来所开展的活动、所获得的收入和支出的费用。给予捐赠的机构和个人也在年度报告中被一一列举。

2. 广泛的公众参与

一方面公众具有参与社会、服务社区的意识和传统，市民从小就接受公民教育；另一方面政府也积极引导市民的广泛参与，设计了多种多样的参与渠道，鼓励并及时回复公众提出的意见和建议，对志愿者进行表彰和感谢，与国内外各种机构合作开展丰富多彩的活动等。

3. 丰富的自然教育

新加坡的公园充分发挥传承历史、传播文化、推广大自然教育的功能。新加坡公园董事会组织了各种免费游览古迹、认识古树等活动，举办大大小小各种规模和形式的艺术展、文物节，吸引市民走进自然、了解自然。如"每个孩子一粒种子"项目为小学生发放花盆、土壤、种子、种植说明和种植观察日记本，充分体现了其自然教育的广泛性以及活动设计的科学性。

4.6.2 滨海湾花园案例

滨海湾花园（图 4-27）是新加坡政府开发的一个大型项目。滨海湾花园分南海湾、东海湾、中海湾三个部分。南海湾部分首先开工建设，并于

2012 年 6 月 29 日正式投入运营。滨海湾花园的管理通过公司和董事会的形式开展。其公司成立于 2011 年 11 月 11 日，有 14 位董事，负责审批年度预算和季度工作报告。公司规定要保持足够 6 个月开支的预留款，以定期存款的方式存在银行，以备紧急情况或大型建设时使用。公园不主动寻求赠款，但接受机构和个人的主动捐赠。捐赠信息均在网站公开。

　　公司的相关运营项目及相关信息通过网站、季度报告、宣传册、媒体广告及脸书等传媒进行宣传。每年要向股东报告公司管理、运营项目、财务报告、董事会及管理层成员的相关内容，透明度很高。公司收入来源主要是门票收入、场租、教育收入、导游收入和商品销售。滨海湾花园因为有相对较好的场地，市民可以在花园里租用场地举行婚礼、公司年会等活动（图 4-28），其场租收入比其他花园要高些。此外，滨海湾花园建有两个大型温室，里面汇集了各种植物。因新加坡地处热带，市民较难有机会看见温带和寒带的植物种类，因此这两个温室很受欢迎，门票收入也比较可观。总体而言，公司总收入 70% 左右为门票收入，10% 左右来自场租收入，其余来自教育收入、导游收入、商品销售收入以及社会捐赠。

图 4-27　滨海湾花园全景　　　　图 4-28　滨海湾花园里适合大型活动的场地

第 5 章

面向未来的探索与展望

习近平总书记提出"公园城市"的全新理念和城市发展新范式以来，成都、深圳、上海、北京等城市都将公园城市建设确定为城市的发展目标。可以说，建设"公园城市"，是中国数千年城市发展的厚积薄发，也是推进生态文明建设进程中的历史必然。公园是公园城市中的重要节点，是城市风貌的载体，是城市活力和魅力的源泉，是城市发展的引擎。在新的时代，城市中的公园为顺应和融入公园城市发展大势，在提升公园生态价值、增强设施人性化设置、提高消费场景体验、强化文化挖掘阐释、加强智慧公园构建、助力韧性城市建设等很多方面已经开始探索，这些探索也将有利于打造公园城市所应具备的健康的生态基底、完善的城市设施、多彩的城市文化、活跃的城市经济、智慧的城市运营以及有保障的城市安全。

5.1　提升公园生态价值

2018年2月，习近平总书记视察成都天府新区时指出"要突出公园城市特点，把生态价值考虑进去"。《国务院关于同意成都建设践行新发展理念的公园城市示范区的批复》中指出，要"充分彰显生态价值，推动生态文明建设与经济社会发展相得益彰，促进城市风貌与公园形态交织相融，着力厚植绿色生态本底、塑造公园城市优美形态"。

公园的生态保护、优化、价值转化可为城市的生态价值提升提供方案和路径。

1. 充分认识植物的生态价值

植物具有固碳释氧，防风固沙，涵养水源，净化空气、水质、土壤，调节温湿度，减弱噪声等功能，对于因城市发展带来的污染、交通拥堵、热岛效应、积水内涝等"城市病"具有缓释、消减甚至治愈作用。植物功能作用的充分发挥，与植物的种类、规格、配置、布局以及植物所在地的地形地貌、山水格局紧密相关，因此在植物的选择、配置、养护上，需要通过研究、实践、总结，不断优化，从而使公园中的植物发挥尽可能大的生态价值。

公园中的植物选择要立足乡土植物资源。乡土植物具有高适性特点，能够很快适应环境，降低环境影响，减少生命周期维护成本。植物选择要从抗风性、抗逆性、治污性及景观价值等多维度进行系统评估。有些城市公园引进外来树种过多，骨干基调树种、季相景观缺乏，植物群落单一，生态景观价值不足，对此，需要不断提高公园适生骨干基调树种种类、数量，充分考虑植物季相变化，通过植物配置、养护、调整形成稳定的植物群落。减少人工化的硬质景观，提高绿地比例，使植物景观的碳排放量降至最低，而固碳效率提至最高，实现公园生态景观价值提升。

2. 绿地连通

衡量公园绿量的一项指标是绿地率，一般城市公园的绿地率应达到65% 以上，郊野公园、滨河公园、森林公园的绿地率一般在85% 以上，甚至是 90% 以上。毋庸置疑的是，绿地率越高，生态价值就越高，然而城市公园因为用地规模相对较小，需要配套的园路、铺装场地、建筑以及设施相对较多，如何在保证公园功能的前提下，最大限度地提高公园的生态价值？应使公园中的绿地连通，为动物的迁移和植物种子的传播提供通道，保护生物多样性，形成稳定的动植物群落。一个很典型的例子就是北京的奥林匹克森林公园，它被五环路分隔成南园和北园，造园时专门做了一条连通南北两园的生态廊道，通过廊道保持绿色空间的连通，也保持了绿色本底的连续，从而提升了生态价值（图 5-1）。我们常常会在城市公园中看到大片铺装中间的一个个独立的树池，像是一个个孤岛，这并不利于树木的健康生长。在有条件的情况下，应将树池拉通，为树木提供更好的立地条件，同时也有利于养护工作的实施，树木变得健康了，碳汇能力也会提高。

3. 以建公园作为城市更新手段

城市的快速发展使得环境被破坏，污染逐渐加重，城市空间被不断分割，甚至物质流、能量流等被阻断，彼此间相互孤立，环境的自我调节和修复能力减弱，城市生态的服

图 5-1　北京奥林匹克森林公园生态廊道

务功能减弱，出现了如空气、水体净化能力下降，城市"热岛"效应面积扩大，水土流失加剧，城市内涝严重，生物多样性降低等一系列问题，这些都是城市化带来的负面影响。

城市中的公园是城市生态系统的重要组成。公园具有"冷岛"效应，夏季高温天气能够降温 1.0~2.5℃；公园绿地平均碳储量可达到每公顷 100余吨；宽度 50m 左右的林带噪声削减能力为 6~10dB 等。公园因具有强大的生态功能，又位于城市的各个区域，因此能够快速有效地衔接城市各个生态要素，遏制城市化的快速发展对生态环境造成的负面影响，最大程度保护城市生态系统平衡和物种多样性，使城市有利于人的生存和发展。在城市更新过程中，可以通过建设公园的方式达到近自然化修复生态、改善环境的目的。生态修复后，湖泊、沟渠水质会明显改善，生境质量和生物多样性会提升。比如北京在一处工业废弃地上建设了北京园博园，上海辰山植物园矿坑花园是对矿坑进行的修复。此外，北京、上海、广州等地中心城区建设口袋公园，城郊地区建设绿道、滨水公园、郊野公园等，都是对城市生态环境的改造，同时其也为市民提供了休闲、娱乐、健身的便利。

4. 公园生态服务价值评估

生态服务价值一般以生态产品总值评估。生态产品总值（又称生态系统生产总值，英文简称 GEP），指一定时期、一定区域内生态系统为人类产生的惠益及惠益价值，主要包括生态系统提供的物质产品供给、调节服务和文化服务的价值。

2022 年 1 月，由红树林基金会联合中国科学院生态环境研究中心等单位共同完成了我国第一个城市公园生态产品总值核算报告，即深圳市福田红树林生态公园 GEP 核算报告，并正式发布。报告显示，福田红树林生态公园每年提供生态服务价值达 1.92 亿元。

福田红树林生态公园是生物交流的重要生态廊道。公园的北边是人流穿梭的城市核心区和住宅区，是周边市民日常休憩的去处，这个只有 38hm² 的公园，既是城市和红树林自然保护区之间的屏障和缓冲带，又是生态环境修复提升的重点区域，更是面向市民展开生态科普教育的最佳场所。

福田红树林生态公园 GEP 核算结果显示，该公园具有很高的生态价值，它不仅是现存的野生动物豹猫、小灵猫、欧亚水獭和周边 300 余只黑脸琵鹭的重要栖息地和生态廊道，每年还涵养水源约 72.30 万 m³，减少降温能耗 3009kW·h，削减城市暴雨径流 14 万 m³。公园的大小湖泊（红雨湖和蓝云湖）为深圳湾河口地区的生物多样性提供重要的淡水资源。此外，该公园在削减面源污染、吸收二氧化碳、空气净化、水体自净等方面也发挥了巨大的作用，其生态系统调节服务价值约为 3107 万元 / 年。

该公园除具有重要的生态功能外，还发挥着重要的文化服务功能。公园年均访问人次为 130 万，年科普教育获益人次 1.1 万。这些文化类生态产品价值约 1.61 亿元 / 年。该公园是深圳市重要的生态产品供给区域，单位面积调节类生态产品供给能力是全市均值的 2.28 倍，单位面积总生态产品供给能力是全市均值的 7.43 倍。

5.2　增强设施人性化设置

公园中的配套设施很多，狭义的设施包括活动场地、园路、健身器材、无障碍设施、牌示、园椅、垃圾桶、栏杆等，广义的设施还包括亭、台、楼、榭、厕所等建（构）筑物、商业设施等，这些设施是根据公园使用者的需求配置的，因此设施设置的人性化是必然的要求。设施的人性化程度高，人们使用的频率就高，政府对公园这种公共产品投入的社会回报就高，社会效益就好。

设施设置分两个阶段，第一个阶段是在公园规划建设之初，设计师根据公园的定位、服务对象、立地条件进行规划设计和建设实施；第二个阶段是在公园投入使用后，公园管理方根据游客使用设施时提出的意见以及设施维护者的诉求进行调整完善。

目前有些城市公园的设施设置较为随意，专业化程度不足。一方面，公园的设计者在设计之初对预建设的公园的相关调研评估不深入，设计重点在公园分区、植物配置、季相变化等，对于配套设施的考虑很多都是意向性、不具体的，在公园建设后期，很多设施都来自市场采购，形式、尺度、色彩、材质等受限于市场提供的产品，效果就可想而知了。另一方面，公园开放后，随着设施使用中的损坏，公园管理方会根据资金保障的情况，逐步更新已损坏的设施，或根据需求新增一部分设施，这样带来的结果是不同时期更新的设施式样不同、色彩不同、材质不同、尺度不同，往往会出现一个公园有 4 种园椅、5 种垃圾桶的情况，拉低了公园整体的"颜值"和品质。

面向未来，为人服务的设施，其人性化设置，无论是对公园还是对一座公园城市而言，都具有十分重要的意义。设施设置应把握以下原则：

1. 功能性原则

每一种设施都有其特定的功能，比如公园牌示有引导、指示、警示的功能，垃圾桶有分类收集废弃物的功能，座椅有方便游客休息的功能，栏杆具有阻挡和警示的功能等，这些功能是设施存在的理由，所以设施的功能性是第一位的，设施的形式、尺度、材质、色彩都应服从并服务于设施的功能。

2. 通识性原则

设施应设置在使用者易于接近且能够看到的地方，同时应该具有易识别的特点。易识别来源于人们对某一种设施潜在的认知，而这种认知就是通识，比如，垃圾桶不仅存在于公园，马路边、博物馆、商场、地铁站等公共场所都会有垃圾桶，因此人们对垃圾桶是有潜在认知的；再比如，很多公共设施的标识是标准化的，具有通识性的特点，人们看到厕所、无障碍设施、公路、地铁站、火车站、商场等的标识时，就能找到对应的服务设施。公园的配套设施应按照通识性原则来设置，而不应过度强调其艺术性和创新性，从而干扰其识别性。

3. 安全性原则

安全性是设施设置的前提，不能保障安全的设施即便有需求也不应设置。当设施的安全性与美观度发生冲突时，以安全性为优先。比如在易发生危险的台阶上施划明黄色的警示线，在公园中步道与自行车道交叉口施划白色的警示标识等。再比如，停车场选择使用通透性好的链式围栏比美观度更好但屏蔽视线的绿篱更加安全。

4. 通用性原则

公园作为公共产品，其提供服务的目标是尽可能为社会所有成员创造平等的使用权和机会。公园中的无障碍设施，比如坡道，不仅是为残疾人服务，同时也为老年人和推婴儿车的人提供了便利。过去我们为残疾人等特殊群体专门设计供他们使用的设施，看似平等，实则将他们孤立于大多数人之外，残疾游客感觉"被照顾"，反而强化了他们的特殊性，心理感受不好。所以公园设施应当考虑覆盖所有使用人群的需求，做通用设计，基于"所有人的利用度"概念，对公园入口、道路、厕所、场地等进行整体设计，这对设计师的设计能力也是挑战和考验。

5. 多数原则

由于公园服务对象覆盖的人群广泛，不同人群的需求有所差异，就是同类人群的需求也会有所不同。比如老年人的需求和年轻人的需求有差异；即便是同年龄段的老年人，也有的喜欢静处，有的喜欢运动。公园的配套设施如何满足差异化的需求？这里就需要遵循多数原则，也就是公园的配套设施应尽可能满足多数人的需求，让更多的人受益。寻找不同群体或相同群体差异化需求的最大公约数，利用上文提到的"通用设计"，使公园设施提供的服务覆盖更多的人。

6. 协调原则

我们时常会发现公园中有些设施被过度设计，过度强调了它们的景观性，甚至被称为"景观设施"，偏离了设施设置的定位。公园中的设施是在公园优美环境当中布设的，因此，设施应与周边环境相协调。设施本身不是景观，它们存在的价值是提供功能性服务，它们是"配角"，是与绿色景观环境这个"主角"相伴生的，"配角"的风格和定位应与"主角"的风格和定位相适应，不能喧宾夺主。有些公园的设施来自企业赞助，所以企业的广告以醒目的图标和文字露出，干扰了公园的景观环境，拉低了公园的品质，这种做法是不提倡的。企业赞助公园是欢迎的，但不能以赞助之名掩盖广告之实。

7. 经济性原则

公园设施的经济性体现在完整、系统和持续打造上。应当进行公园设施的顶层设计，确定设施的类型、布局、数量以及每种设施的形式、尺度、材质、色彩、大致的价格区间等，并通过相关的程序形成制度化的安排，也就是将设施在一个园区标准化、规范化，这样带来的好处是，公园设施的更新有依据，延续性强且更加经济，无论谁来负责此项工作都会大大节省时间成本和资金成本。顶层设计一旦确定，应该保持相对的稳定性，但也不是一成不变的，可以通过解决设施使用维护过程中的问题，满足时代发展中游客需求的变化，不断完善顶层设计，但完善的过程也应按照原决策流程确定。公园的设施既要"够用"也要"耐用"，"够用"的概念是指，设施的数量是按照公园日平均接待客流设置的，如按最高客流设置会造成浪费，遇节假日或大型活动大客流时可安排临时设施弥补固定设施设置的不足。"耐用"是指，公园的设施在室外设置得比较多，其材质应能耐受风雨雪及高低温等相对恶劣的环境。

8. 简单实用兼顾美观原则

公园中的设施应当坚持简单实用兼顾美观的原则，为游客使用和管理人员维护提供便利，比如有的公园垃圾桶为追求形式美，容量不足、投放口太小，造成垃圾外溢，加大了保洁人员的清扫量和保洁量；有的牌示设计成漏窗的式样，垃圾桶上设计有公园标志性的景观，造成清洁难度加大，用工量也会相应增加。所以设施在设计之初一定要考虑后期的使用和维护，否则公园整洁的外观将打折扣，人力成本的投入也将增加。

9. 人体工程学原则

为使设施满足人的需求，设计时需充分考虑人在使用设施时的安全、健康和舒适，减少使用疲劳。设计师应特别重视各种设施的高度、宽度以及儿童游乐设施中针对未成年人行为与尺度范围设置的数据参数，所有设施的设计都应以人体工程学为基准，在合理的数据分析下，设计出设施应该具备的尺度和形态，为人提供最大的便利。比如公园中座椅靠背的曲度、垃圾桶投放口的高度和宽度、为成人和儿童分别设置的洗手盆或直饮机等。

5.3 提高消费场景体验

生活在现如今的中国，人们面对的是极大丰富的商品和超便利的物流，上网购买想要的商品，短则 1h 内，多则 2~3 天，商品就可以送到家。针对这种情况，公园这一公共空间提供的消费服务应该是怎样的？

这里要提到一个概念：消费场景。所谓消费场景是指消费行为发生时，消费主体所面临的物理环境和所有影响消费行为的因素的总和。在公园中，消费主体就是游客，游客所面临的物理环境一是指公园的大环境，二是指具体消费项目所在室内或室外的空间环境。影响消费行为的因素包括游客在公园中消费的时间、地点、动机等。

公园中消费的定位，或者说公园消费的基点，是为满足游客在公园中游览、休闲、健身、参与科普等活动过程中的需求，消费场景包括商业、游船、游艺、索道等。公园中的消费与商场、超市、博物馆、影剧院等不同，有其自身的特点。面向未来，在公园城市打造过程中，围绕整个绿色环境质量的提升，公园中的消费应更加注重和强调体验感。

1. 规划前提

公园管理者通常比较熟悉的是商业规划，这是从管理者角度提出的，如果换位思考，从消费者角度提出，应该称为消费规划。消费规划更加强调的是消费者需求导向。具体到一个公园，消费规划要基于公园本身的定位、类型、规模和在城市中所担负的功能作用，确定消费场所的数量、布局、规模、业态等。规划中应明确公园中打造消费空间和消费场景所秉持的核心价值观，即诚信经营、价格适当，让游客在消费过程中感受愉悦、收获美好。公园中安排的消费场所不是越多越好，否则商业氛围过浓，总体上应按照"适度恰当"来把握。

2. 品质优先

公园中的消费场所提供的商品首先要注重品质，这是给游客带来高体验感的基本要求。一般来说，在公园中售卖冷饮、休闲食品、玩具、文具等商品，同样的价格，游客会优先选择那些大品牌、口碑好、无劣迹的商品，即使价格高一点，游客也会买单。因为大品牌为维护声誉，会高度重视商品的品质，因此，无论是公园引进的商家还是合作的商家，都应选择那些市场认可度高、声誉好、不会因蝇头小利而侵害游客权益的商家。只要有利于游客，即便公园在与大品牌合作中让渡一部分利润空间也是值得的。目前在全国范围内，城市公园中的商业多半是通过招标引进的，价格是招标条件中十分重要的因素，在一定程度上导致了价高者得的结果。很多公园招进来的商家比较多，没有形成规模效应，商家进来后除交够公园年租金外，基本上是什么挣钱卖什么，价格就高不就低，追求的是成本低而利润高。尽管公园有监管，但监管的力度和持续性不够，造成公园售卖的商品品质不高，公园商业整体呈现小、散、低的局面。

改变上述局面的路径：一是不能价高者得。深圳湾公园的做法值得学习和借鉴。该公园临水的一处位置绝佳的商业空间引进了一家书店，招标价格是 1 元人民币，但是要求这家书店提供的书品、文具、咖啡茶饮等商品品质要高、价格要亲民，试想在这样环境优美的空间中读书品茗，是多么的舒适和优雅，内心的感受一定是愉悦的，商家不用为付出高额租金而追求超额利润，而会更多地追求商品的品质和消费者的口碑，这也是公园消费应该追求的目标。二是公园中的消费场所应进行同类业态整合打包。一家公园的多个消费空间，甚至是城市中多个公园的同类业态的消费空间整体打包，通过特许经营或者招标方式，选择与有实力、有好口碑的企业进行合作，形成规模效应，这样既可要求商家提供高品质商品，价格亲民，同时企业可因规模效应盈利，保障持续经营。

3. 环境取胜

人们经常逛公园，看中的是公园空气清新、环境优美，公园管理者擅长的也是利用植物和相关辅助材料营造优美的景观环境，因此公园消费空间或场景的特点就是可以最大限度发挥环境美的优势，这一特点也是商场、超市等其他消费空间所无法比拟的。面向未来，要增强商业空间的体验感，首先应改变传统商业空间的外观。目前公园商业空间，包括简餐、茶饮、小卖部等基本都是封闭的或半封闭的室内空间，既不清爽也不通透，坐在室内无法看到室外优美的景致，商业空间的外立面最好能够通透或半通透，将室外的景致借到室内。如条件允许，在不影响公园景观的情况下，可以在商业空间的外围合适位置划出一定区域，在天气好的时候，室外可以置放美观的桌、椅、太阳伞等设施供消费者使用，体验公园优美的室外环境。

4. 关注细节

细节是决定消费场景品质的关键。管理者需要关注游客在消费时所能触及的一切因素：店内空间的开阔度、引人注目的菜单、柜台的形状、地板的洁净，从餐巾纸到食物包装袋的质量，从店面到靠窗座位的设计，从店外的标识牌到店内宣传品的印制，从桌布到盛放食品容器的风格，从听觉感受上不喧哗、吵闹，从嗅觉感受上无煎炒烹炸后的油腻等，点点滴滴都应折射出绿色环保、温馨舒适、真诚待客的核心价值。

5. 视觉统筹

"视觉统筹"这个概念在公园行业极少提及，但笔者认为非常重要，要提升公园中消费场景的体验感，就要使人们在看到店面的外观、形式、色彩以及店内的装修、装饰时感觉赏心悦目，只有这样才会引导人们去到那里，停在那里，沉浸享受在那里。公园中的固定店面以及因活动临时搭设的店面或售卖摊位等，应做好视觉统筹，避免为吸引眼球，不顾周边景观环境而采用炫目的色彩、奇奇怪怪的形状、大而醒目的文字等，所有的店面和摊位都应做好视觉统筹，与周边环境协调，给人清新雅致的感觉。要进行统一设计，让所有的消费场景（包括店面、摊点、游船、游艺、索道等的外观、形式、色彩）沉到环境中，不突兀、很舒服，作为环境的加分项，同时周围环境更应该成为消费空间的加分项。笔者一直以为，公园是人们经常会去到的地方，是人们感知自然美的地方，公园的相关配套，如商业空间，也应当作为大众审美引导的场所，公园管理者应站在美学的高度去打造公园的配套设施，当然这对管理者的美学素养提出了很高的要求，但面向未来，对大众进行潜移默化美的引导也是公园管理者的社会责任。

6. 季节适配

公园客流会因季节不同而有增有减，商业空间的数量应作出调整：公园游览旺季，游客量较多，商业空间应多设置，若固定商业满足不了客流需求，可增加一些临时摊点；到了淡季，客流量减少，临时摊点撤除，固定店面也可根据实际情况部分关闭，以减少运行成本。季节不同，公园中的景致有所差异，商业空间售卖的商品也应体现季节的变化：春季桃红柳绿，夏季荷花朵朵，秋季彩叶缤纷，冬季北方冰雪，公园售卖的商品也需应季调整，推出时令商品，比如夏季冷饮、花伞、扇子等防暑降温商品要丰富，冬季需多备些热饮、保暖用品等，这些商品最好能够围绕公园自身特色做定制化打造。商业空间应定期或不定期推出新品，商品陈设方式也应不断调整、变化，让人有常逛常新的感觉，使商业充满生机和活力，增加游客的复游率。

7. 重视反馈

公园中的消费空间和消费场景打造要紧紧围绕游客的需求，目标是不断提升游客的体验感，从而使游客留下美好的印象。应多关注、收集游客在公园消费空间体验后的感受，收集游客的反馈信息可以通过游客问卷调查、服务人员访谈、媒体报道等渠道，通过综合分析研究，发现问题，采取措施解决问题，以达到不断改善和优化管理服务的目的。

8. 大数据支持

信息化技术发展到今天，我们应主动引进信息技术，通过大数据实施精准管理。本章第 5.5 节 "加强智慧公园构建" 还将详细阐述，这里仅就消费空间和消费场景打造作简述。利用公园的大数据，特别是与公园消费相关的数据，可以做精细化的人群画像，有助于更精准地锁定消费目标客群，以客群需求为导向，有针对性地制定消费策略，调整消费业态，优化空间设计，变化商品结构，推出配套服务项目等。

总之，公园消费空间和消费场景打造的最高境界是按照人们想象所及的最高水准，体现点滴用心，让人们流连忘返，同时使实用性和温馨怡人的氛围保持恰到好处的平衡。

5.4 强化文化挖掘阐释

"文化"一词的本义是指人类在社会历史的发展过程中所创造的物质财富和精神财富的总和，又特指精神财富。

城市是一个大型的人类聚居地。城市中的公园是人类社会发展到一定阶段的产物。公园从产生的那一天起，就蕴含了人类文化的结晶。可以说，公园是一座城市的文化载体。一个经历了时间洗礼的老园子会比一个新园子更有韵味，时间沉淀下来的文化印记、积累的文化内涵会使得一座公园独具魅力。

在公园城市建设的背景下，如何强化公园文化的挖掘和阐释？笔者认为，应从弘扬中国优秀传统文化和展现现代文明风范两方面，促进公园文化发展达到适应公园城市建设需要的更高水平，使公园成为一座城市的文化地标，城市因公园所承载的地域文化而更显魅力、更具价值。

1. 继承中华优秀的园林文化精髓

中国古典园林有着独树一帜的造园理论和艺术风格，汲取了华夏文明中诗、书、画等文学艺术形式的精华，于大自然的山水之中，创造了"虽由人作，宛自天开"的人与自然和谐统一的高尚境界。民族的，才是世界的，所以中国的城市公园要吸收、消化、转化中国几千年传统文化的积淀和艺术的凝结，参透中国园林不仅仅是建筑、植物、道路、楹联、碑刻、匾额等物质环境，更重要的是理解由这些物质组合而成的空间所蕴含的园林意境，所表达的人对自然界的体会和感悟，这是中华传统园林文化的精髓。我们应该深入挖掘、研究、阐释、展示古人留下来的优秀园林文化，这是基于我国古典园林发展而来的城市公园的"根"和"魂"。

2. 在继承传统的基础上要着眼于创新

没有公园文化的创新就没有公园文化的持续发展。从传统走来的中国公园一直在推陈出新，原为少数人服务的历史园林成为人民的公园，依托于中国传统造园思想并融合时代气息建设的数量众多的新公园不断开放，还有一些是吸收了国外经典园林造园理念和手法建设开放的公园。这些公园中开展的文化活动、文化展览、文化创意、科普宣教等项目吸引越来越多的游客参与，不同年龄、不同性别、不同职业的游客都可以在公园找到适合自身特点的文化项目，或赏花，或观展，或骑行，或漫步，或在文创空间沉浸体验，或参与自然教育，这些都是随着时代的发展进步，创新推出的文化服务内容，应持续坚持和不断创新迭代。面向未来的公园文化建设要符合生态文明建设的需要，要切准时代的脉搏与时俱进，要满足人民日益增长的追求美好生活的愿望。

3. 公园文化的培育需要时间积累

公园文化的形成不是一朝一夕、一蹴而就的，不能急功近利，它是需要时间孕育的，时间越久，公园的文化韵味越浓。有些公园做花展，比如桃花观赏季、樱花节、郁金香花展等，持续十几届甚至几十届，逐步形成公园的赏花文化；又比如有些公园每年在中国传统节日组织游园会，游人如织，逐步形成公园的节日文化等。公园中的景物、到访的人、发生的事会随着时间的推移沉淀下来，作为历史的印记，时间长了慢慢塑造出公园独有的风格和特点。我们有时不理解一个新公园有精心配置的植物、令人舒适的空间、完善的配套设施，但对游客的吸引力往往不足，实际上，新公园与老公园最大的区别在于缺乏时间打磨后的韵味，这个韵味就是文化的积淀。公园的文化韵味寓于无形之中，看不到但是感觉得到。公园文化的培育要适度恰当，符合公园的特质，切忌主观、硬性地注入文化和艺术，也不能让一个公园承载过多的文化和艺术门类，那样只会收到事倍功半的效果。

4. 培养符合公园文化发展的人才

陈从周先生在《说园》中指出："能品园，方能造园，眼高手随之而高"。一个公园的文化品质，取决于公园从业者的专业素养和文化修养。公园是文化和艺术的载体，它或多或少地体现历史文化、地域文化、建筑文化、植物文化、动物文化、民俗文化等，保护管理好一个公园，对从业者要求很高，既要有丰富的知识储备，又要有深厚的文化底蕴。因此公园要着力培养符合自身文化发展需要的各方面人才，让从业者有培训等接受再教育的机会，有组织筹划文化项目的工作任务，有行业内的专家大师指点，有经常性的交流互动，有获取行业发展前沿的信息渠道，不断提高文化艺术水平。公园从业者的文化素养提高了，公园的文化建设水平自然而然就会提高。

5.5　加强智慧公园构建

随着智慧城市的建设，公园行业提出要建设智慧公园、智慧景区已不止 10 年，期间很多城市的公园管理机构做了一些有益的探索。

2018 年北京发布《北京市智慧公园建设指导书》，该指导书给出了智慧公园的定义以及智慧公园建设应包括的内容。其指出，智慧公园是指在公园中运用"互联网＋"的思维和物联网、大数据、云计算、移动互联网、信息智能终端等新一代信息技术，对服务、管理、养护过程进行数字化表达、智能化控制和管理，实现与游人互感、互知、互动的公园。智慧公园建设应包括基础设施建设、智慧服务、智慧保护、智慧管理、智慧养护等内容。

2020 年上海市发布《上海市智慧公园建设导则（试行）》。其明确了智慧公园的定义，即利用新一代信息与通信技术，通过精细动态的感知监测、分析、控制、整合公园各个关键环节的资源，实现公园精细量化的高效运营管理和便捷互动的贴心公众服务，创造一个安全、绿色、和谐的公园环境。该导则确定了智慧公园建设的总体目标、基本原则，针对综合公园、专类公园、社区公园的服务和管理需要，对智慧基础设施、智慧安全保障、智慧公众服务、智慧运营管理及综合运营服务平台五个方面提出建设要求。

尽管北京和上海发布的上述关于智慧公园建设的指导性文件对智慧公园的定义和建设内容阐述的角度不同、方式不同，但二者的核心内容是相似的，都是站在行业层面就如何推动智慧公园建设提出的要求，都具有可操作性。

由于笔者曾组织相关工作团队与华为公司合作编制了《北京市属公园智慧管理总体规划》，以下谈一谈有关智慧公园建设的心得与认识。

1. 智慧公园的定义

随着信息技术的不断迭代，智慧城市的建设也在不断优化升级，未来智慧公园是什么？笔者比较认同华为公司编著的《2020未来智慧园区白皮书》中对未来智慧园区（智慧公园是智慧园区的一种类型）的定义，即运用数字化技术，以全面感知和泛在连接为基础的人机物事深度融合体，具备主动服务、智能进化等能力特征的有机生命体和可持续发展空间。

2. 智慧公园建设的背景

智慧公园建设的背景来自于两方面：

（1）国家数字化整体进程不断加速。当前随着大数据、物联网、云计算等新技术的广泛应用，各种基于网络感知的新技术新模式不断涌现，推动了中国数字化整体进程的不断加速。在此背景下，公园业务管理手段的现代化、资源保护智能化，也越来越成为开展常态化管理和服务工作的必要手段。从全国范围来看，基于电子票务、手机刷卡、人脸识别等无票游览技术的服务推陈出新，公园的全域安全保障、有形无形资产的数字化管理、与"雪亮工程"的协同推进也在不断强化。利用现代化的大数据、物联网、智能化技术手段，将大大提高公园整体管理运营效率，实现重要资产全生命周期的可视、可控、可管，也将为全面打造高效、统一的数字应用生态系统提供可行的技术支撑。

（2）智慧公园建设需要解决的问题。目前公园行业正处于从传统的单体信息化建设模式向整体统筹智慧化建设模式转变的关键时期，亟须解决的问题包括：

一是缺乏宏观层面的总体规划。未系统摸底公园智慧管理的需求，导致公园的业务思路和信息化思路脱节，短、中、长期的信息系统建设无法形成合力。

二是缺乏整体性。局部与整体的关系未统筹好。小而全系统多,重复建设。建系统从部门各自需求出发,各自为政,为概念建设,为亮点建设,不考虑存量系统;上面千根线下面一根针,基层使用者多头应对多个系统,重复劳动、重复录入、重复采集,功能重叠、重复比对、业务交叉、重复作业,没有提升效率反而浪费人力,增加工作量。

三是协作性差。分工与协作的关系未协调好。业务自动化程度非常低,系统断点多,不连续,跨部门、跨系统需要大量手工作业,且系统缺乏横向分发能力;数据壁垒森严,数据不共享、部门割据,小平台、小情报现象严重,数据多维交叉验证无法开展。

四是信息技术对业务优化不够。信息化系统要对齐业务,不应为了信息化而信息化。目前信息化存在较多盲区,以安保工作为例,按计划开展,无法按需调度安保资源,做精准化的安全保障工作;建设了大量的视频头,但是只靠人看发现问题,不能形成摄像头的智能化生成事件告警;对业务的支撑还需强化,如对动态岗位资源的有效调度能力要加强等;未能对传统模式形成有效优化,如工作质量无评估反馈、无法支撑改进分析等。

五是可持续性发展不足。智慧公园建设需要考虑现在与未来的关系,从全生命周期的维度进行规划建设。目前缺乏目标与差距分析,导致无延续性;缺乏刚性评估、倒查、反馈的全流程机制;缺乏对系统全生命周期管理,体现在重建设、轻运维、轻应用;缺乏更新完善,存在应用趋冷、新业务新工具推广慢、维护经费不足等情况。

六是缺乏技术标准体系。存在着已建信息系统独立封闭,在建信息系统标准不一,待建信息系统需求强烈的情况。标准的不统一将直接导致信息孤岛的不断形成,与数据共享、扁平决策的大数据发展要求逐步偏离。

七是尚未形成统一的数字化支撑平台。导致公园上级管理机构与公园之间、横向公园与公园之间、公园内不同部门之间均相对独立封闭,信息相互不能联动,数据无法共享。

八是缺乏对投标人的选择和整合能力。技术封闭、特殊,极易造成分系统的独立封闭、排他,在信息技术快速迭代的今天,在标准接口下的投标人选择也成为新的技术壁垒。

上述问题的存在,制约了公园管理和服务水平的提升。

3. 智慧公园建设的目标

在网络强国、数字中国、智慧城市建设的背景下,围绕人民日益增长的美好生活需要，智慧公园建设将有很大的创新优化空间，不仅仅是信息化、智能化对业务的提升，更是管理模式的一场变革。智慧公园建设的目标是通过数字化转型，公园以更低成本、更高效率，打造更优质的管理及服务。

数字化转型主要从两个维度展开：一是通过智能机器及设备突破生产效率的瓶颈，例如视频巡逻替代人工巡逻，用机器的高效替代人。二是通过数字化平台，让数据在业务中流转起来，通过结构化提升效率。

智慧公园建设不仅仅是智慧化的单点业务应用，而首先应从业务模式上开展转型创新，真正从游客需求侧考虑，改良公园服务理念。重新设计服务机制及业务模式，为游客服务、内部管理提供实实在在的便利；其次，在平台系统实现一体化，改变过去各自为战的"孤岛"模式，构建一体化的平台架构，实现业务、系统、数据整合，建立更加整体、协同、共享的公园服务能力体系；最后，统筹建设管理，改变分散管理模式，对信息化项目进行统筹管理、集约建设，从源头上破除传统小、散、杂的烟囱式信息化建设模式的弊端。

4. 智慧公园建设的架构

智慧公园建设架构主要分为四部分：高效智慧大脑、专属智慧应用、标准数字底座、可靠基础设施。简称为"1N11"架构（图 5-2）。

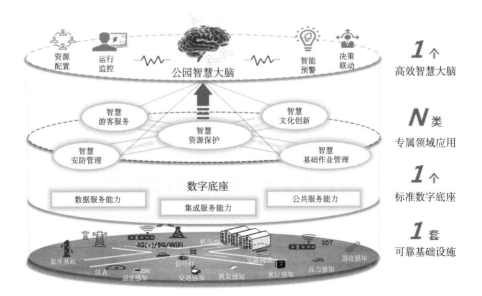

图 5-2　智慧公园建设架构（"1N11"架构）

"1"——高效智慧大脑。通过智慧公园运行管理中心（IOC）建设，打造公园"智慧大脑"管理体系，基于公园各类数据的全面汇集，结合可视化能力，为公园提供业务态势感知、辅助决策和应急指挥。

"N"——专属智慧应用。打造"N"类公园专属领域的智慧应用，以智慧资源管理为核心，打通智慧游客服务、智慧安防管理、智慧文化创新和智慧基础作业管理等领域应用，不断推进对公园业务提升需求的全覆盖，实现公园业务全可管。

"1"——标准数字底座。搭建"1"个公园标准化数字使能平台，以共享集约为建设原则，通过使能平台汇聚公园数据，包括公园整体运行感知、视频监控、空间地理等各类数据，强化资源融合、数据融合和业务融合，实现心中有数。

"1"——可靠基础设施。构建公园"1"套可靠智慧基础设施，实现无线网络全面覆盖、有线网络高速接入、公园部件物联感知、服务终端网络广泛部署，支撑公园智慧应用和智慧运营管理中心（IOC）的高效运行。

总之，通过基础设施实现数据采集和传输，通过数字底座实现数据的整合分析及应用支撑，通过公园运营管理的智慧大脑支撑公园管理效率提升。在智慧公园建设中探索应用大数据 +AI、VR/AR 等新技术赋能公园智慧管理，推进以人 / 物为主线的安全防护体系建设，以知识信息为主线的资源整合体系建设，以服务为主线的游客保障体系建设，以共享联动为主线的决策智慧体系建设。全方位推进安全资源掌控，实现心中有数、保护有方；构建沉浸式的数字记忆，实现文化浸润传承；打造无界泛在的舒适感受，实现智慧体验随心而至；提供有温度的精准服务，实现游客服务信手可得。

5. 智慧公园建设的保障

智慧公园的建设从本质上是进行数字化转型，达到优化公园管理和服务的目的。数字化转型的根本是人的观念、意识、行为的改变，需要从组织、流程、IT 技术三个方面配合，形成合力才能完成。这里核心的是人的观念和意识的转变，特别是公园管理机构的最高决策层是否有决心进行转变，这是智慧公园建设取得成功的关键。

智慧公园建设的保障包括四个方面内容：一是制度保障。基于公园智慧建设规划实施需求，构建完善的资金筹措、项目建设评估、标准体系构建以及安全管理机制，保障落地项目顺利进行。二是组织保障。基于公园现有组织架构，构建包含领导组、工作推进组、专家委员会、业务专题组等在内的任务清晰、职责明确的智慧公园建设组织，为智慧公园建设提供组织上的保障。三是运营保障。构建智慧公园运营管理主体，打造智慧公园建设运营合作伙伴、专业服务提供者等多方协作的智慧公园生态圈，统筹负责智慧公园项目建设、管理、运维和信息服务等工作。四是人才保障。完善信息化人才的培训、引进等机制，支撑未来智慧公园建设及运营。

在智慧公园建设中也要特别注意防止产生七个方面的倾向：一是追求完美主义，二是过于繁琐，三是盲目创新，四是不顾全局效益提升的局部优化，五是没有全局观的负责人主导，六是没有业务实践经验的员工参加，七是没有充分论证的流程进入实用。这些倾向将造成智慧公园建设中的人、财、物、时间的浪费。

5.6　助力韧性城市建设

所谓韧性是指系统在不改变自身基本状况的前提下，对干扰、冲击或不确定性因素的抵抗、吸收、适应和恢复的能力，即强调化解冲击、自我修复的能力。

韧性城市指的是城市或城市系统能够化解和抵御外界的冲击，保持其主要特征和功能不受明显影响的能力，也指城市在适应环境变化和应对自然灾害等方面具有良好的抵御能力，在灾害发生时能够有效应对，快速恢复并保持城市功能正常运行，同时通过适应，更好地应对未来的灾害风险。

这里需要特别提到与公园绿地直接相关的生态韧性概念。生态韧性被定义为系统改变其结构之前能够承受的干扰量，不仅包含系统受到冲击后所需的恢复时间，也包含系统承受干扰量且维持稳定的阈值。生态韧性否定单一稳定的均衡态，承认多元的均衡态以及系统转化到其他稳定状态的可能性。

城市的生态韧性可以通过修复加强。生态韧性修复适用于大多数区域，无论是小规模的公园绿地，还是未受干扰的大型城郊公园绿地，都可以通过增加生物多样性、提升水体下渗能力、减少热岛效应、提高固碳释氧能力等方式提升生态韧性，从而强化城市韧性。

公园绿地对城市韧性的正向作用还体现在其具有的弹性、隔离和防护作用。一是弹性作用。城市公园绿地可以被当作城市建筑之间的缓释地带，相当于密集的建筑群中的空隙，这些空隙可以很好地保护城市整体结构肌理，提高城市对灾难的防范能力。我们说钢筋混凝土的城市建筑、设施是城市的刚性空间，而公园绿地则是城市的柔性空间，柔性空间是具有弹性的。二是隔离作用。建设城市公园绿地可以起到隔离作用，防止城市"摊大饼式"的毫无节制地扩张。三是防护作用。城市公园绿地可以帮助城市避开一些危害，一旦发生灾难时，其可成为人们避难及等待救援的场所。

作为公园管理机构，如何助力韧性城市建设？可以从以下四方面着力：

1. 增加公园数量

近自然化建设运营的公园绿地具有修复城市生态系统、营造宜居生活环境等优势，利用公园绿地对城市韧性不足的区域进行修复，可以提高城市对火灾、地震、暴雨、超强台风和炎热气候等的适应力、防御力及恢复力。因此提高城市的韧性，应增加公园数量，并在城市中均衡布局各类公园，形成健康的公园系统，发挥公园应对灾害时的隔离、防护和弹性作用。

空想社会主义代表人物罗伯特·欧文在 1820 年首先提出了"花园城市"的概念。针对英国工业化下城市的无序和脏乱，英国城市规划专家霍华德 1898 年将花园城市具体化，提出"霍华德圈层"（图 5-3）：从城市中心到外围有多条放射线，由内而外保留和建设大片的绿色空间，其间布设配套设施，每个区域安排居住的人口不超过 3 万人。考虑整体布局的人性化，做到人与自然融合，让自然的承载适度。

日本由于地震灾害多发，为应对灾害，提高城市韧性，最大限度减少人员和资源财产的损失，曾经实施六次公园建设计划，按照城市需求，分级配套了各类公园，系统建构了公园体系，其中特别突出体现了城市公园

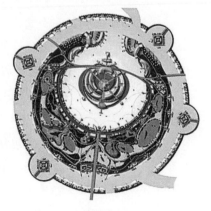

图 5-3 "霍华德圈层"示意图

的防灾功能。

新加坡以"花园城市"著称。其国土面积不大，但大中小公园、花园遍布，公园和花园组成的公园系统与森林系统、水域空间相互连接形成网络。近些年，新加坡从建设"花园城市"到打造"花园中的城市"，进而提出"自然中的城市"理念，将城市融于自然，减轻了城市化和气候变化带来的负面影响，加强了城市的韧性，从而提升了城市的宜居性。

我国的城市建设也正在快速转型。公园行业管理部门在梳理城市公园现状及存在问题时发现，几乎每个城市都存在同样一个问题，即城市公园数量不足、布局不合理。这在现阶段城市建设中似乎是一道很难解的题。公园是城市的配套设施，在建设城市道路、居住区、大型商业等公共工程时都会配建一定比例的公园绿地，因此公园绿地的建设一直处于配角地位，往往是给什么地就用什么地，很难达到数量足够、布局合理。随着城市化进程推进，城市规模越来越大，人口越来越多，特别是超大城市、特大城市和大城市，这个问题就更加凸显。习近平总书记提出的"公园城市"理念，切中了公园建设发展的要害，有利于城市的健康发展，也是推动解决上述问题的最好指引。

2. 以公园作为城市建构的主导框架

公园城市建设应以公园作为城市建构的主导框架，推动公园形态与城市空间有机融合，促进生态、生产、生活空间相宜。公园中的绿地可以吸收雨水和二氧化碳，过滤尘埃，净化空气，降低噪声，减轻城市热岛效应，为控制虫害的鸟类和小动物提供栖息地，对解决"大城市病"具有突出的作用。与其他公共工程相比，公园具有更大的包容性，它可以与城市道路、广场、桥梁、公共建筑等其他公共区域有机融合，对城市整体结构的发展影响更大。因此，应当以公园作为城市公共区域建构的主导框架，通过绿色通道（绿道、绿楔、绿廊），将小尺度公园、中尺度郊野公园以及大尺度生态公园进行连接，形成从中心城区逐步向外围辐射的城市公园系统，这将有利于提升城市环境质量，塑造城市特色风貌。由于公园绿地具有很大的包容性，可以考虑用大面积的绿色开敞空间，即公园，作为城市的基底，在绿色基底上建设城市建筑和公共设施，从根本上解决公园绿地数量不够、布局不合理的问题，使城市更加优美，环境更加宜居。大面积的绿色空间使得城市在应对人口膨胀、交通拥挤、环境恶化、资源紧张等"大城市病"时，具有更强的韧性和自我修复能力。

3. 提升生物多样性韧性

公园绿地的生物多样性不是动植物的种类越多越好，而是使适合在本区域生存生长的植物、动物达到动态的平衡稳定，这种状态的生物多样性韧性是最强的。为此，应因时因需种植培育本土植物，保护本地生态，模拟自然生境演替过程，避免过多的人工干扰，将生物多样性的选择交给自然界，其中人的作用是不断地认识自然，把握自然规律，从而尊重自然、顺应自然和保护自然。

4. 树立城市治理的系统观

公园是城市的基础设施，理应纳入整个城市的治理结构，一旦城市遇到灾害，公园应当最大限度发挥其弹性、防护、隔离以及提供应急避险场所等功能作用。公园管理机构和公园管理人应当充分认识公园在韧性城市建设中的作用，既不抵制公园本应担负的与防灾救助相关的功能设施建设、维护和管理，也不谋求超出公园所应承载的功能设施建设。公园只是城市基础设施之一，在韧性城市建设中，公园管理机构应当与城市管理的其他机构通力协作，发挥各自优势，形成合力，在城市遇到灾害时，将城市韧性充分发挥。

参考文献

[1] 成都市公园城市建设领导小组.公园城市 [M].成都：四川人民出版社，2019.

[2] 谢正义.公园城市 [M].南京：江苏人民出版社，2019.

[3] Alexander Garvin.公园：宜居社区的关键 [M].张宗祥译.北京：电子工业出版社，2013.

[4] 塞萨·洛，达纳·塔普林，苏珊·舍尔德.城市公园反思——公共空间与文化差异 [M].魏泽崧，汪霞，李红昌译.北京：中国建筑工业出版社，2013.

[5] 大卫.N.海曼.财政学理论在政策中的当代应用（第 8 版）[M].张进昌译.北京：北京大学出版社，2006.

[6] 北京旅游学会.故宫服务 [M].北京：社会科学文献出版社，2017.

[7] 北京市园林绿化局.北京历史名园 [M].北京：北京出版社，2017.

[8] 钟乐，杨锐，薛飞.城市生物多样性保护研究述评 [J].中国园林，2021，37（5）：25-30.

[9] 李晓鹏，董丽，关军洪，等.北京城市公园环境下自生植物物种组成及多样性时空特征 [J].生态学报，2018，38（2）：581-594.

[10] 付彦荣，贾建中，王洪成，等.新冠肺炎疫情期间城市公园绿地运行管理研究 [J].中国园林，2020，36（7）：32-36.

[11] 尚尔基，赵晶，上官晴.英国海德公园发展与利用策略研究对中国的启示 [C]// 中国风景园林学会.中国风景园林学会 2016 年会论文集.北京：中国建筑工业出版社，2016：36-44.

[12] 北京市园林局.文化建园 [M].北京：五洲传播出版社，2001.

图书在版编目（CIP）数据

公园城市建设中的公园精细化管理 / 张亚红编著
. —北京：中国城市出版社，2023.10
（新时代公园城市建设探索与实践系列丛书）
ISBN 978-7-5074-3645-7

Ⅰ．①公… Ⅱ．①张… Ⅲ．①城市公园—管理—研究
—中国 Ⅳ．① G246

中国国家版本馆 CIP 数据核字（2023）第 167080 号

本书重点介绍了在公园城市建设中，如何认识并实施公园精细化管理。全书共分 5 章，涉及公园精细化管理概述、公园精细化管理内容、行业精细化管理实践、国外经验借鉴以及面向未来的探索与展望。其中既有多年来公园行业管理的经验总结，也有随着社会发展与时俱进的创新实践；既有对国外公园管理理念和做法的学习借鉴，也有就新时代公园未来发展定位和方向的理解把握。

本书可供城市建设管理的决策者、公园管理机构的管理人员、致力于从事园林管理的相关人士、园林和林业专业在校学生等系统了解公园精细化管理。公园管理人员也可以将本书作为相关工作的参考资料使用。

丛书策划：李 杰 王香春
责任编辑：葛又畅 李 杰
书籍设计：张悟静
责任校对：王 烨

新时代公园城市建设探索与实践系列丛书

公园城市建设中的公园精细化管理

张亚红 编著
*
中国城市出版社出版、发行（北京海淀三里河路 9 号）
各地新华书店、建筑书店经销
北京雅盈中佳图文设计公司制版
建工社（河北）印刷有限公司印刷
*
开本：787 毫米 ×1092 毫米 1/16 印张：14$\frac{1}{4}$ 字数：240 千字
2023 年 12 月第一版 2023 年 12 月第一次印刷
定价：128.00 元
ISBN 978-7-5074-3645-7
（904655）